KB097407

컨셉은 없고 취향은 있습니다

컨셉은 없고
취향은 있습니다

—

2023년 5월 08일 1판 1쇄 인쇄
2023년 5월 15일 1판 1쇄 발행

—

지은이 이우준, 권영혜
펴낸이 이상훈
펴낸곳 책밥
주소 03986 서울시 마포구 동교로23길 116 3층
전화 번호 02-582-6707
팩스 번호 02-335-6702
홈페이지 www.bookisbab.co.kr
등록 2007.1.31. 제313-2007-126호

—

기획·진행 정채영
디자인 디자인허브

—

ISBN 979-11-93049-02-0(03320)
정가 18,000원

—

책밥은 (주)오렌지페이퍼의 출판 브랜드입니다.

일러두기 이 책에 등장하는 일부 외국어 표기는 독자의 가독성을 위해 일부 변형하거나 실제 카페 네살차이에서 통용되는 표기를 따랐습니다.

컨셉은 없고 취향은 있습니다

책밥

프롤로그

누구나 '처음'인 순간을 마주하게 됩니다. 카페 네살차이를 시작할 때의 두 사람도 마찬가지였습니다. 서툴고 부족했기에 더 부단히 움직이고 애썼지만, 좋아하고 하고 싶은 일이기에 힘든 과정 속에서도 즐거움과 보람을 크게 느꼈습니다. 책 작업 제안을 받았을 때에도 '우리가 잘할 수 있을까?' 하는 막연한 불안감이 있었지만 이 순간 또한 처음이기에 용기를 내어 보았습니다. 글을 쓰는 낯선 일들은 어느새 익숙한 일상이 되었습니다. 그 시기 처음을 겪은 우리처럼, 처음 자신만의 공간 또는 카페를 만들어가고자 하는 이들에게 우리가 고민한 지점과 경험들을 공유하고 도움이 되었으면 좋겠다는 마음으로 지난 8년간의 기억들을 꺼내 보기로 했습니다.

글을 쓰는 동안 스스로에게 부지런히 '왜?'라는 질문을 던졌습니다. 조금은 다른 운영 방법, 메뉴 등 공간을 만들어 가는 과정에서 우리는 어떠한 이유로 지금의 모습으로 변화하고 다듬어져 왔는지 그에 대한 이야기들을 담아 보고자 했습니다.

"좋아 보여요. 하고 싶은 것 하며 사는 모습이."

"그냥 하기 싫은 걸 안 하는 것뿐이에요."

영화 〈카모메식당〉의 대사처럼 좋아하거나 하고 싶은 일들만 떠올리기보다는 싫어하는 것들을 하나씩 지워 나가다 보면 오히려 자신의 취향이 더 선명하게 보일지도 모릅니다.

이제 우리의 지난 경험들은 이 책을 읽는 독자분들 덕분에 더욱 의미 있게 되었습니다. 카페 네살차이를 통해 생각지도 못한 많은 경험을 하게 되었고, 그 순간들은 참으로 즐겁고 행복했습니다. 이번 작업 또한 마찬가지라고 생각합니다. 때문에 앞으로 또 어떤 새로운 일들이 펼쳐질지 기대가 됩니다.

'네살차이'라는 이름이 하나의 색깔로 표현되기보다 시간이 흘러 여러 가지 색채를 가진 모습이길 바랍니다. 그것이 순간의 반짝임으로 빛나지 않고, 오래도록 손님들로 하여금 소비되는 이름으로 남고 싶습니다.

따뜻한 햇살이 포근하게 감싸는 카페 네살차이에서

이우준, 권영혜

차례

PART 3 여행지에서의 아침을 팝니다

PART 1

컨셉은 없고 취향은 있습니다

“

공간 속에서 주인은 배우가 되고 카페는 무대가 됩니다. 주인은 다양한 역할과 감정을 표현함으로써 관객인 손님들에게 그 무대를 준비하게 된 목적과 전하고자 하는 의도 그리고 생각이 더욱 잘 전해질 수 있도록 노력해야 하죠. 연극에서 배우와 관객의 호흡이 중요한 것처럼, 주인뿐만 아니라 그 시간 동안 함께 머무는 손님 또한 공간의 분위기를 결정짓고 완성하게 됩니다.

”

좋아하는 것을 담은 공간이고 싶습니다

당신은 어떤 스타일의 커피를 좋아하나요? 늘 습관처럼 마시는 커피 한 잔에도 각자의 취향이 담겨 있습니다. 단순하게는 따뜻한 커피와 차가운 커피를 좋아하는 사람으로 구분할 수 있고 조금 더 깊이 들여다보면 커피의 진한 정도, 산미의 유무, 추출 방법 등 취향에 따라 커피를 좋아하는 방식은 다양합니다. 그래서 그런지 좋아하는 스타일의 커피를 만났을 때 유독 그 한 잔이 참 맛있게 느껴지곤 합니다.

취향은 '본인이 하고 싶은 마음이 생기는 방향'을 뜻합니다. 누군가의 의견이나 조언에 따라 결정되는 것이 아니라 경험에 의해 본인이 좋아하는 것을 구체적으로 알게 되고, 그 방향대로 자연스레 행동하는 것입니다. 그리고 그 취향은 개개인마다 다르고 정답이 없기에 옳고 그름을 평가할 수도 없습니다.

누군가에게 나를 소개해야 하는 자리가 있을 때 우리는 어떤 모습으로 보여줄지부터 고민합니다. 머리 모양새나 옷 스타일 그리고 그에 어울리는 신발까지 내 모습을 가장 잘 드러내고 싶은 마음에 이러한 고민을 하게 되는 것은 자연스러운 일입니다. 공간을 만드는 것도 같은 맥락에서 이해할 수 있습니다. 공간은 손님들이 오고 가는 단순한 물리적인 장소가 아니라 나의 취향이 고스란히 담겨 있는 곳입니다. '나'라는 사람을 가장 잘 표현할 수 있는 방법에는 어떤 것이 있을지 고민하는 것처럼 공간을 구상할 때 역시 어떤 모습으로 나의 취향을 담을지 고민해야 합니다. 그런 의미에서 자신이 평소 좋아하는 것이 무엇인지부터 생각해야 합니다. 운영자의 취향이 모호한 공간을 소개하고 공유하게 되면 깊은 공감을 얻기 어렵습니다.

네 살 차이가 나는 우리 두 사람은 같은 대학, 같은 학부에서 만났습니다. 이후 오랜 시간 동안 함께 지내오면서 좋아하는 것이 많이 닮아갔습니다. 먹는 취향부터 입는 옷, 좋아하는 분위기 등이 비슷했기에 처음 공간을 만들 때 의견 차이보다는 의견 조율 과정이 더 많았습니다. 하고 싶은 방향이 같았기 때문에 이 모습을 어떻게 더 잘 표현할 수 있을지가 중요했습니다. 다른 사람들의 의견이나 조언에 의지하지 않고 우리 스스로가 모든 것을 결정하고 그 결정에 후회하지 않기로 했습니다. 그렇게 오롯이 '우리가 좋아하는 것을 담은 모습이면 좋겠다'라는 마음으로 카페 네살차이에 첫 걸음을 내딛었습니다.

좋아하는 것을 담아내는 일은 머릿속에 그렸던 상상을 현실로 구현하는 일입니다. 공간을 마주하는 순간 하나부터 열까지 선택의 연속이기에 무엇보다 내 취향에 대한 확신이 있어야 합니다. 예를 들어 흰색 페인트를 구입하러 상점에 갑니다. 하지만 상점에는 단

오픈 때부터 지금까지 사용하고 있는 카페 네살차이 간판

순히 흰색 페인트만 있는 것이 아니라 지금껏 보지 못한 수많은 종류의 흰색이 진열되어 있습니다. 그 중에서 어떤 톤의 흰색을 선택하느냐에 따라 공간의 분위기는 크게 달라질 수 있습니다. 따라서 자신의 취향은 생각하는 것보다 훨씬 더 세밀하게 구체화하고 분명해야만 합니다. 크고 작은 선택들이 모여 같은 방향으로 하나의 결을 만들어 낼 때, 그 공간은 나의 상상이 담긴 모습으로 바뀌고 자연스러워집니다.

취향을 소비합니다

현재 상태에서 부족한 것을 채우기 위해 우리는 소비를 합니다. 소비는 물품을 구입하고 비용을 지불하는 행위부터 어떤 일에 대해 관심과 시간을 쏟는 것까지 다양합니다. 소비를 통해 우리는 유의미한 경험을 하게 되고, 이는 곧 개인의 생각이나 가치관에도 영향을 미칩니다. 즉 '아는 만큼 보인다'라는 말처럼 경험을 통해 다양한 분야에 대한 시각을 넓힐 수 있고 이로써 한 걸음 더 성장하고 변화하게 됩니다. 마찬가지로 우리는 지속적인 소비를 통해 취향의 색을 더욱 짙게 만들 수 있습니다. 좋아하는 것들로 공간을 채웠다 하더라도 그 자체가 취향의 완성이라고 보기는 어렵습니다. 취향이라는 것은 고정불변의 것이 아니라 시간이 지나면서 자연스럽게 변화할 수 있기 때문입니다. 지난 날의 관심사와 가치관들이 조금씩 달라질 수 있고 때로는 더 깊어질 수도 있습니다. 따라서 나의 취향과 비슷한 결을 가진 다양한 공간들에 관심을 갖고 시간을 내어 찾아가며 그곳만의 장점을 발견해야 합니다. 이런 소비의 시간들이 축적되어 나의 취향을 더욱 뚜렷하고 견고하게 만듭니다.

돌이켜보면 카페 네살차이의 첫 번째 공간은 저희 두 사람의 취향을 채우려 노력했음에도 불구하고 마치 설익은 과일처럼 뭔가 부족했습니다. 카페라는 공간을 운영하는 것이 처음이다 보니 공간의 모습이나 운영방법, 메뉴 등 서툰 부분이 많았습니다. 그렇기 때

카운터에서 손님을 응대하는 모습

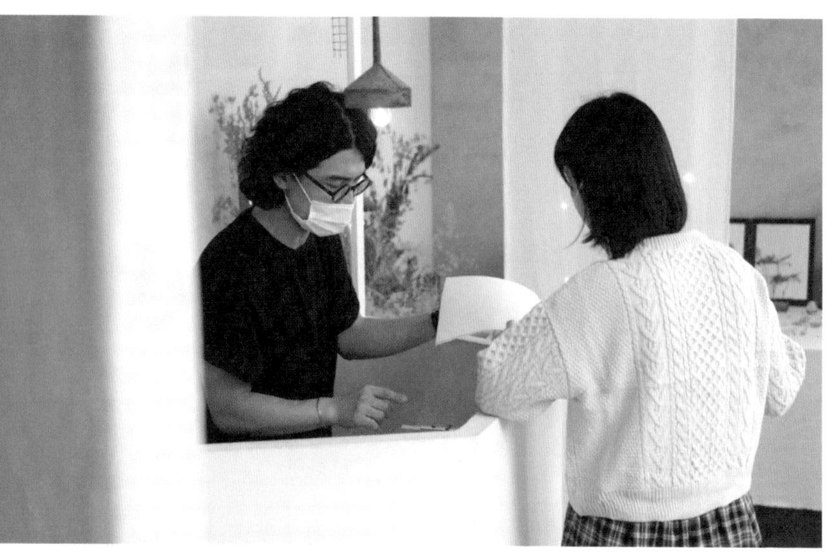

문에 그 부족함을 채우기 위한 노력도 계속되었습니다. 여행을 통해 관심 있는 공간을 찾아 다니고 그곳에서 우리가 미처 생각하지 못했던 것이나 새로운 것들을 발견하면서 조금씩 우리의 취향들이 선명해지는 것을 느끼게 되었습니다. 좋아하는 색감이나 소재가 분명해지고 흘러나오는 음악의 장르에도 뚜렷한 취향을 갖게 된 것입니다. 이처럼 취향을 소비한다는 것은 단순히 시간과 돈을 소비하는 것이 아니라 내가 좋아하는 것을 분명하게 구분하고 결정짓는 일이며, 이는 공간을 더 나은 방향으로 만들어가는 과정에서 중요한 요소가 됩니다.

공간에도 첫인상이 있습니다

시간이 지나도 첫인상의 기억은 잘 잊히지 않을 때가 많습니다. 그래서 누군가를 떠올릴 때 그 기억들이 먼저 생각나고, 그 기억에 따라 호감도도 달라질 수 있습니다. 공간도 마찬가지입니다. 처음 마주한 모습에 대한 기억이 그 공간의 인상이 되고, 이는 점차 호감으로 번집니다. 따라서 공간에는 운영자의 취향을 대표하는, 애정을 담은 장소가 필요합니다. 그 장소는 방문하는 사람들에게 의미있는 첫인상이 될 수 있고, 나아가 그 공간의 정체성을 보여 줄 수 있기 때문입니다.

카페 네살차이에서는 카운터라는 장소에 이러한 의미를 부여하기

첫 번째 네살차이의 카운터. 손님을 가장 먼저 맞는 카운터는 곧 공간의 첫인상이 된다.

로 했습니다. 그래서 공간을 구상할 때도 출입구와 가장 가까운 곳에 위치하도록 했습니다. 손님을 가장 먼저 마주하는 장소가 카운터이기 때문에 운영자와 손님이 서로의 첫인상을 느끼는 중요한 접점이 됩니다. 이 순간이야말로 우리의 취향을 직관적으로 잘 표현할 수 있고, 이를 손님들이 오롯이 느낄 수 있다고 생각했습니다. 이후 자연스럽게 변화해 가는 취향을 카운터라는 장소에 기록하고자 했습니다. 시간이 흐르고 계절이 바뀜에 따라 변화하는 카운터의 장면들. 그리고 이를 알아봐 주는 손님들. 이 과정에서 손님들은 운영자가 공간에 쏟는 관심과 애정을 깊이 공감할 수 있습니다. 이러한 기록들이 차곡차곡 쌓여 카운터 너머로 보이는 두 사람의 실루엣이 카페 네살차이를 대표하는 이미지가 되었습니다.

4년이라는 시간이 만들어 준 두 번째 공간

어느 한 공간에서 계속 운영하다 보면 여러 가지 변수들이 생깁니다. 더 발전하고 싶은 마음으로 새로운 공간을 고민할 수도 있고, 혹은 임대 조건 등과 같은 여러 상황들에 변수가 생겨 타의적으로 이전을 고민할 수도 있습니다. 어떠한 상황이라 하더라도 두 번째 공간을 만드는 일은 이전보다 더 나은 모습이고자 하기에 많은 고

계절에 따라 카운터에 변화를 주기 위해 노력한다.

민과 선택이 필요했습니다. 첫 번째 공간을 운영할 당시 공간의 첫 인상이라 할 수 있는 카운터와 주방에 계절마다 변화를 주었고, 공간 속 오브제와 가구 등을 전체적으로 재배치하고 출입구를 다른 곳으로 바꾸는 등 소소한 변화를 주었습니다. 또 그 시기 금속 공예를 배우던 우리는 카페 안에 또 다른 공간을 마련해 작은 상점을 운영하기도 했습니다.

카페 안에 마련된 작은 공간에서는 두 사람이 직접 만든 금속 공예품을 판매한다.

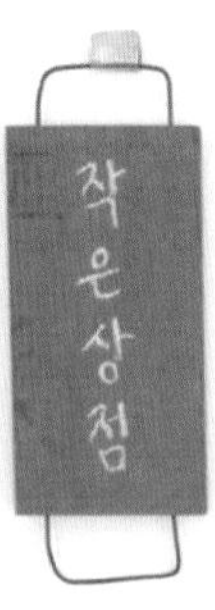

나무 인테리어가 포인트였던 첫 번째 공간

다만 이 과정에서 기존 공간에 대한 현실적인 아쉬움을 마주하게 되었습니다. 주방이 좁아 당일 내고자 했던 디저트와 음료를 소화하기 어려웠고, 시간이 지나 손님들의 방문이 많아지면서 더 큰 오븐과 작업대가 필요했습니다. 또한 주변에 편히 이용할 수 있는 주차장이 마땅치 않다 보니 손님들이 골목 주차를 하는 경우가 많았고, 이는 동네 주민과의 마찰로 이어지기도 했습니다. 이런저런 어려움으로 인해 그동안 겪었던 경험을 바탕으로 우리는 새로운 도화지를 찾아보고자 이전을 결심하게 되었습니다.

그렇게 처음 카페 네살차이를 오픈한 지 4년이 지나 저희는 두 번째 공간으로 이전했습니다. 4년이라는 시간은 짧을 수도 있지만 사

계절을 네 번 지나오면서 운영면에서 보완하고 싶은 부분들이 많아졌고, 그동안 두 사람의 취향도 더욱 확고해졌습니다.

4년의 시간을 거치면서 나아가고자 하는 방향이 분명했기에 준비과정에서 해야 하는 선택들이 어렵기보다는 순조로웠습니다. 크게 보면 단층을 사용하던 것에서 세 개의 층을 사용하게 되었고, 나무 인테리어에서 은색과 회색이 포인트가 되는 곳으로 탈바꿈했습니다.

공간에는 그 시기 운영자 고유의 취향이 담겨 있습니다. 이전의 경험을 토대로 새로운 공간을 만들 때에는 그 취향의 연속성은 유지하되 보여지는 모습에서 분명한 차이가 존재해야 합니다. 변화된 모습에서는 편안함과 새로움을 보여줄 수 있고 짙어지는 취향들에서는 보다 깊은 교감을 만들어 낼 수 있습니다. 공간은 '아무것도 없는 빈 곳'을 말합니다. 그런 '공간'을 하나씩 채워 나가는 과정에 운영자가 지향하는 가치가 고스란히 반영됩니다. 이는 공간이 곧 '나'라는 의미이기도 합니다. 그렇기에 평소 자신이 좋아하는 것들을 정확히 알고 있어야 하며 지속적인 관심과 변화를 느끼는 과정이 필요합니다. 여행을 가는 일, 영화를 보거나 책을 읽는 일, SNS 등을 통해 정보를 찾는 사소한 부분까지 직간접적인 행동에서 취향의 변화는 이루어질 수 있습니다. 그런 시간이 누적되어 자신의 취향을 분명히 알게 되고 이 취향들이 공간에 녹아 들면 오직 하나뿐인 자신만의 색이 됩니다. 흘러가는 시간 속에서 변해가는 취향들을 끊임없이 반영하고 표현함으로써, 그 공간의 색채는 더 진해지고 같은 취향을 가진 사람들에게 더 많은 공감을 얻게 됩니다.

두 번째 카페 네살차이의 외관. 기존 단층이던 공간은 세 개의 층을 사용하게 되었다.

컨셉이란 말 대신 취향

문득 옷장을 열어보면 깜짝 놀랄 때가 있습니다. 걸려있는 옷의 패턴이 대부분 스트라이프이기 때문입니다. 색이나 굵기가 다를 뿐 전체적인 디자인은 거의 똑같습니다. 다른 디자인의 옷을 사볼까 하고 오랜만에 쇼핑을 해보지만 결국 옷장 속 옷들과 크게 다르지 않은, 비슷한 옷을 또 사게 됩니다. 반면 간간이 눈에 띄는 화려한 옷들도 있습니다. 기억을 돌이켜보면 아마도 특별한 일이나 어떤 목적이 있어 구매했던 옷일 것입니다. 친구들과의 여행을 위해 단체로 맞췄던 옷, 언젠가 파티에 가게 된다면 입겠다고 구입한 드레스 그리고 격식에 맞는 정장 등 평소에는 입지 않지만 필요에 따라 샀던 것들입니다. 상황에 따라 입는 옷이 바뀔 수도 있겠지만 특별한 일이 있지 않는 한 평소에는 편한 옷을 즐겨 입기

나만의 공간을 운영하고자 한다면 나 자신이 좋아하는 것이 무엇인지 먼저 고민해야 한다.

마련입니다. 그런 의미에서 스트라이프 옷은 취향을 산 것이고, 드레스는 컨셉을 산 것입니다.

자연스러운 멋을 좋아합니다

대부분의 사람들은 일의 시작을 '컨셉을 잡는 것'으로 생각합니다. 말 그대로 어떤 모습을 연출해볼까 고민하는 일입니다. 그래서 현재 인기 있는 맛이나 인테리어를 참고하고 또 이를 좇기도 합니다. 한 아이템이 인기를 얻게 되면 전국에 비슷한 곳들이 많이 생기는 것도 이 때문이라고 할 수 있습니다. 결국 자기 자신이 좋아하는 것을 하기보다는 유행에 따라 결정하게 되는 경우가 많습니다. 하지만 단순히 유행하는 컨셉만을 좇을 경우 이 일을 지속적으로 할 수 있을지에 대한 의문이 생깁니다. 예를 들어 특별한 일이 있어 평소 자주 입지 않는 옷을 입고 외출한 날은 종일 어딘가 모르게 어색함과 불편함을 느끼게 됩니다. 분명 내 옷이지만 마치 남의 옷을 입은 듯한 기분입니다.

'자연스럽다'의 사전적 의미는 '억지로 꾸미지 아니하여 이상함이 없다'입니다. 반대로 자연스럽지 않으면 그 모습이 억지스러울 수 있고 이상하게 보일 수도 있습니다. 공간을 운영하는 일도 마찬가지입니다. 내가 하는 일이 지극히 자연스러울 때 나뿐만 아니라 그

카페는 단순히 일을 하는 곳이 아닌 운영자의 생활이 담긴 곳이어야 한다.

안에 머무는 이들도 편안함을 느낄 수 있습니다. 따라서 나만의 공간을 운영하고자 한다면 자신이 좋아하는 것이 무엇인지, 즉 나의 취향이 무엇인지를 가장 먼저 고민하고 그 취향들을 자신의 공간에 담아내는 것으로 이어져야 합니다. 이런 과정이 쌓일수록 그 공간은 단순히 연출된 공간이 아니라 나의 모습이 자연스럽게 담긴 공간이 되는 것입니다. 유행을 따라 하지도, 누군가의 조언에 의지하지도 않은 오롯이 나의 취향을 담은 공간이기 때문에 그 자체로 멋이 될 수 있습니다.

일은 일상과 구분되는 것이 아닙니다

매일 아침 출근을 하고 오후 12시가 되면 남들처럼 점심을 먹은 후 다시 오후 업무를 하다가 저녁이 되면 퇴근을 합니다. 회사원들의 아침 출근길 발걸음은 무겁고 저녁 퇴근길의 발걸음은 깃털처럼 가볍습니다. 흔히 '일'을 하는 사람들 대부분은 회사 내에서의 시간과 회사 밖의 일상을 구분지어 생각하는 경향이 있습니다. 자신의 업무 공간에서 보내는 시간은 말 그대로 나에게 주어진 일을 하는 것이고, 회사 밖에서의 일상이 진짜 자기 자신의 모습이라고 생각합니다. 이는 일하는 것 자체를 본인의 일상과 구분하려 하고 일에서 벗어난 일상을 더 선호하기 때문입니다.

우리는 일상의 많은 시간을 일을 하며 보냅니다. 특히 자신의 공간

운영자의 취향이 담긴 공간에서 시간을 보내는 사람들

을 운영하는 이들은 출퇴근 시간과 같은 사소한 것에서부터 일의 방향, 순서 등 모든 결정을 스스로 하게 됩니다. 그런 과정에서 운영자의 생각이나 가치가 반영되고, 이는 공간에 자연스럽게 녹아들기 마련입니다. 카페 네살차이를 운영하기로 마음 먹었을 때, 저희 두 사람은 어떠한 컨셉을 이끌어내기보다 그저 좋아하는 것들로 이루어진 생활이 공간에 자연스럽게 담길 수 있도록 했습니다. 단순히 일하는 공간으로 정의하기보다는 함께 시간을 보내는 곳이라 생각했기 때문이었습니다. 만일 카페를 직장처럼 단순히 일만 하는 곳으로 생각했다면, 그 시간들의 가치를 중요하게 여기지 않았을 것입니다. 하지만 혹여 카페 네살차이를 찾는 이들이 많지 않더라도 그 시간들은 우리가 함께 보내는 시간이고 그 시간조차 유의미하게 흘러갔으면 하는 바람이 있었습니다.

보통 사람들은 일과 일상을 시간으로 구분하지만 사실 이 둘은 일맥상통하는 것이라 생각합니다. 마치 버튼을 누르면 그 모드가 바뀌는 것이 아니라 평소 생각하고 표현하고 행동하는 것들이 일에서도 나타나는 것입니다. 즉 그 사람의 일상생활이 일에서도 묻어나야 합니다. 가끔 저희에게 '이 카페는 컨셉이 뭐예요?'라며 호기심을 갖고 물어오는 손님들이 있습니다. 그럴 때마다 '잘 모르겠어요. 그냥 좋아하는 걸 할 뿐이에요.'라고 말합니다. 나의 취향이 가득한 공간에서 일하는 나의 모습은 좋아하는 일상이자 일입니다. 그리고 이러한 일상과 일의 색감이 비슷할 때 그 공간의 모습은 자연스러워지고 그 본질적 가치 또한 높아진다고 생각합니다. 취향을 담는다는 것은 내가 좋아하는 옷을 입는 것과 같습니다. 좋아하는 옷을 입고 외출할 때면 편안할 뿐만 아니라 자신감도 생기기 마련입니다. 나 자신을 소개하는 데 어려움이 없고 누구를 만나도 당당할 수 있습니다. 공간도 마찬가지입니다. 하루의 대부분을 내가 좋아하는 것들로 채울 수 있을 때, 그 시간을 의미 있게 보낼 수 있고, 이것은 곧 다른 카페와의 차이를 만들게 됩니다.

일상을 닮은 공간

매일 반복되는 평범한 하루가 모여 일상이 됩니다. 이는 누구에게나 똑같이 주어지는 시간이며 사람들마다 각자의 방식으로 시간을 보냅니다. 학생들은 학교에서, 직장인들은 대부분의 시간을 회사에서 보내는 것처럼 현재 자신의 위치나 하는 일은 일상생활에 많은 영향을 끼칩니다. 공간을 운영하는 사람은 하루 중 가장 많은 시간을 자신이 만든 공간에서 보내게 됩니다. 때문에 그곳에서 보내는 시간을 어떻게 정의하느냐에 따라 그 하루가 평범할 수도 혹은 특별할 수도 있습니다. 이는 누군가가 정해 놓은 틀 안에서 움직이는 것이 아니라 나에게 주어진 하루라는 시간을 어떻게 사용할지에 대해 스스로 선택하고 결정하기 때문입니다.

따라서 공간을 만들기로 결정한 순간 공간이 가지는 의미에 대해 깊이 들여다볼 필요가 있습니다. 단순히 현재 상황을 벗어나기 위한 선택이 아닌, 그와 같은 결정을 하게 된 이유가 무엇인지 그리고 그 목적의 무게 중심이 어디에 있는지를 먼저 고민해야 합니다. 공간이라는 것은 평소 하고 싶은 일을 실현하는 장소가 되기도 하지만 동시에 내가 갖게 되는 새로운 직업이 될 수도 있기 때문입니다. 그리고 이 두 가지가 안정된 균형을 이룰 때 공간의 지속성도 유지될 수 있습니다.

일상과 일의 경계가 분명하게 분리되기를 희망하는 이들도 있습니다. 하지만 일상이 공간 속으로 스며드는 것은 운영자의 평소 관심이나 지향하는 가치들이 함께 스미는 것과 같습니다. 그렇기 때문에 공간 운영자는 일하는 동안의 모습과 일상에서의 모습을 구분하기보다는 스스로의 취향을 짙게 유지하면서 일과 일상의 색채를 같은 톤으로 유지할 필요가 있습니다. 이를 바탕으로 좋아하는 것을 직접적으로 표현하고 드러내면서 공간을 찾아주는 이들과 함께 교감하는 과정을 만들어야 합니다. 내가 가진 색을 적극적으로 드러내고 비슷한 관심사를 가진 손님들과 공유하게 된다면 자연스럽게 그 공간만의 정체성이 만들어지는 것입니다. 즉 혼자만을 위한 공간이 아닌 이상, 아무리 좋은 의도를 담은 공간이라 할지라도 누구도 찾지 않는 곳이라면 자칫 무색무취의 공간이 될 수 있습니다.

결국 공간은 가장 '나'다운 모습으로 채워져야 합니다. 공간과 운영자가 같은 결을 가질 때 그 색은 어색함 없이 자연스러워지고 시간이 흐르면서 보다 짙어질 수 있습니다. 이것은 곧 손님들에게 고스란히 전해집니다. 이처럼 일상과 공간의 조화로움은 그 하루를 더욱 특별하게 만듭니다.

할아버지, 할머니가 되어도

이른 아침 카페로 출근하면 먼저 두 사람 몫의 커피를 내립니다. 커피 향이 공간에 퍼지는 동안 좋아하는 음악을 재생하고 볼륨을 높입니다. 그날의 날씨에 따라 따뜻하게 마실지 차갑게 마실지 같은 가벼운 고민과 함께 파운드케이크 한 조각을 무심히 접시에 담습

카페 운영은 곧 일상의 연장선이다.

니다. 카페를 운영하는 동안에는 늘 카운터와 주방에서 시간을 보내지만 아침의 이 시간만큼은 햇빛이 잘 드는 2층 창가 테이블에 서로 마주보고 앉아 잠시나마 짧은 여유를 즐깁니다.

돌이켜보면 카페 네살차이라는 공간을 만든 첫 번째 이유는 두 사람이 좋아하는 분위기와 음악 속에서 함께 커피를 마시는 '우리만의 시간'을 만들고 싶었던 것 같습니다. 아주 사소하고 작은 이유이지만 두 사람의 시간이 같은 공간에서 시작되는 것만으로도 평범한 일상 속 특별함이 될 수 있습니다. 그래서인지 카페를 운영하는 시간도 일상과 같은 느낌이었습니다. 공간을 찾은 이들에게 준비한 메뉴들을 내어 줌으로써 두 사람이 평소 즐기던 시간들을 함께 공유할 수 있는 계기가 된 것입니다. 물론 여러 가지 음료와 디저트를 준비하는 일부터 손님을 맞이하고 정리하는 일까지 모든 과정들이 쉽지 않지만 카페에서의 시간을 즐기는 이들의 모습을 보면서 일에 대한 확신과 만족을 얻게 되었습니다.

카페 네살차이를 운영하기 전과 후의 가장 큰 변화는 일에 대한 마음가짐입니다. 이전에는 일을 경제적인 수익을 위한 노동으로만 생각했다면, 카페라는 공간을 만들고 운영하면서 지나온 시간과 그 과정에서 느꼈던 여러 감정들은 더 나은 두 사람의 모습을 상상하는 힘이 되었습니다. 하고 싶은 일을 할 때의 만족감과 여기서 얻게 되는 성취감으로 인해 스스로에 대한 가치가 높아졌고 일에 대한 고민도 더 신중하고 깊어졌습니다.

종종 "할아버지, 할머니가 되어도 카페 네살차이는 계속 하고 싶어."라는 가벼운 이야기를 주고받습니다. 물론 그때가 되면 지금처럼 계단을 오르락 내리락 할 수도 없고 많은 손님을 응대하는 것도 어려울 수 있습니다. 하지만 아주 작은 가게라 할지라도 공간을 영위하는 것 자체는 두 사람에게 큰 의미가 있습니다. 그만큼 네살차이라는 공간은 카페라는 의미를 넘어 우리 두 사람의 일상 그 자체가 되어버린 것입니다.

오늘도 교감합니다

가벼운 마음으로 아침 출근길에 편의점에 들르고, 오전에 열심히 일한 보상으로 식당에서 맛있는 점심을 먹고 지친 몸을 달래기 위해 커피와 달콤한 디저트가 있는 카페로 발걸음을 옮깁니다. 그리고 쉬는 날이면 관심 있는 책을 찾아 보기 위해 작은 책방에 가 보기도 하고, 상점에 들러 평소 좋아하는 아기자기한 문구류나 소품들을 구입하면서 일상의 만족을 더합니다. 그중 어떤 공간은 유독 기억에 남거나 여러 의미로 마음에 들어 또다시 방문하고 싶어집니다. 그래서 우리는 그 순간에 느낀 감정들을 잊지 않기 위해 사진을 찍어 기록하거나 주변 지인들에게 경험한 것들을 이야기하며 입소문을 내기도 합니다.

이렇게 일상에서 마주하는 많은 장소 중 단순히 스치는 공간이 아닌 누군가에게 유독 기억에 남는 인상을 주는 공간이 된다는 것은 사소한 것일지라도 그 사람과 분명 취향이 통하는 지점, 즉 교감할 수 있는 부분이 있기 때문입니다. 이것은 단순한 인테리어적 취향으로 충족되는 것이 아닙니다. 공간의 하드웨어적인 요소는 일차적으로 관심과 기대감을 줄 수 있겠지만 더 중요한 것은 바로 그 공간에 머무는 동안 경험하게 되는 운영자와의 교감입니다. 사진을 보고 관심이 생겨 방문했다가 실망하게 되는 경우가 있는 것도 바로 이런 점이 부족하거나 만족스럽지 못하다고 느끼기 때문입니다.

일상에서 벗어나면 재미가 됩니다

카페 네살차이의 공간은 단순히 커피나 음료, 디저트만을 판매하는 일차원적인 장소가 아닙니다. 물론 큰 틀에서 보면 카페라는 기능을 수행하고 있지만 궁극적으로는 그 기능을 하는 과정에서 손님들에게 우리가 중요하게 여기는 가치와 의미, 취향들을 자연스럽게 전하고자 하는 것에 중점을 둡니다. 따라서 우리가 하고 싶은 것들을 보편적인 '카페'라는 물리적 공간과 역할에 한정하기보다는 다채로운 상상력을 발휘해 보려는 시도들이 필요합니다. 이를 통해 우리의 색이 보다 선명하게 드러날 수 있고, 손님으로 하여금 긍정적인 관심과 공감을 얻는 계기가 됩니다.

매일 반복되는 패턴의 일을 하며 지내다 보면 문득 '뭔가 재미있는 일이 없을까?' 하는 생각을 하게 됩니다. 이는 꼭 일에서뿐만 아니라 개인의 일상에서도 마찬가지일 것입니다. 이처럼 우리는 안정감을 느끼는 일상도 소중하지만, 가끔 평소와는 다른 일탈을 필요로 합니다. 이 두 가지가 서로 밸런스를 맞출 때 무탈한 일상의 소중함도 배가 되고, 일탈 또한 에너지를 충전할 수 있는 특별한 경험이 될 수 있습니다. 이를 위해 우리 두 사람은 여러 아이디어를 주저하지 않고 행동으로 옮기려 노력하며 크고 작은 이벤트를 기획하고 있습니다. 그 결과 이를 즐기는 손님들과 두터운 교감을 나누게 됩니다.

마음에 여운이 남는 공간이 되고자 합니다

공간을 만들고 이를 운영하는 일은 운영자의 몫입니다. 따라서 많은 시간과 비용을 투자하는 것도 어쩌면 당연한 일입니다. 상상을 눈에 보이는 외형의 모습으로 만들어 내는 것도 중요하지만 이후 그 공간에 어떻게 생동감을 불어넣을지에 대한 부분도 고심해야 합니다. 같은 공간이라도 운영방식에 따라, 어떤 가치와 의미를 부여하느냐에 따라 공간의 표정이 달라지기 때문입니다.

그런 의미에서 카페라는 공간을 단순히 물리적인 장소로만 한정짓지 않습니다. 공간 속에서 주인은 배우가 되고 카페는 무대가 됩니

테이블 위 손님이 남긴 메시지

다. 주인은 다양한 역할과 감정을 표현함으로써 관객인 손님들에게 그 무대를 준비하게 된 목적과 전하고자 하는 의도 그리고 생각이 더욱 잘 전해질 수 있도록 노력하죠. 연극에서 배우와 관객의 호흡이 중요한 것처럼, 주인뿐만 아니라 그 시간 동안 함께 머무는 손님 또한 공간의 분위기를 결정짓고 완성하게 됩니다.

다만 처음부터 거창한 것을 시도하려다 보면 그 모습이 자칫 어색하고 부자연스러워 질 수 있습니다. 때문에 첫 시도는 평범한 일상

주방 한편에 손님들이 남긴 메모를 모아 붙여놓은 모습

에서 작은 일탈을 만드는 것으로 시작해야 합니다. 평범함을 닮은 일탈이 만들어질 때 그 공간만의 색을 잃지 않게 되고 또 그 속에서 갖게 되는 특별함을 통해 손님들과 교감할 수 있으니까요. 이런 작은 순간들이 쌓여 마음속 여운으로 남게 됩니다.

사람마다 성향도 성격도 다르기 때문에 교감의 방법도 다를 수 있습니다. 누군가는 많은 감정을 표현하고 이야기를 나누며 교감하는 것을 선호하기도 하고, 다른 누군가는 작은 글이나 편지로 마음을 전하기도 합니다. 표현하는 방식이 다를 뿐 나누고자 하는 본질은 동일합니다.

카페 네살차이의 주방 한편에는 손님들이 남긴 많은 메모와 편지들이 붙어 있습니다. 이런 마음들은 좋아하는 일을 해 나가는 것에 의심하거나 망설이지 않는 확신을 갖게 하고, 지금까지의 크고 작은 결정들이 잘한 선택이었다는 것을 증명해 주는 것입니다. 이처럼 내가 만들어 가는 공간에 나의 취향이 고스란히 드러나고 또 이를 좋아해 주는 이들의 발걸음이 이어질 때 그 공간의 생명력은 지속됩니다.

선율에서 전해지는 이야기

작업이나 운동을 할 때, 아무 생각도 하고 싶지 않을 때 등 저마다의 일상은 다르지만 음악은 일상에서 빼놓을 수 없는 공통점 중 하나입니다. 우리는 음악을 통해 종종 마음의 위로와 편안함을 얻습니다.

공간에서도 음악은 빠질 수 없는 요소입니다. 때로는 그 장소와 어울리지 않는 음악들이 공간의 분위기를 반감시키기도 하는데요. 눈에 보이지 않지만 곳곳에 울려 퍼지는 선율들은 자연스럽게 손님들의 마음에 담깁니다. 때문에 입맛에 맞는 음식을 찾듯 나의 취향이 담긴 음악을 찾고 듣는 연습이 필요합니다. 내가 좋아하는 스타일의 음악이 어떤 것인지, 이를 표현하는 아티스트들은 누구인지 등을 계속해서 찾아 나가야 합니다.

카페 네살차이에서는 가사가 있는 음악보다는 피아노, 현악기 등의 선율을 느낄 수 있는 연주곡들이 흐릅니다. 공간을 준비하면서 많은 음악을 들어왔고 그중에서 두 사람의 마음을 움직이는 음악들을 선택하다 보니 자연스럽게 비슷한 결의 음악이 모이게 되었습니다. 함께 있는 동안 공간과 더불어 우리가 좋아하고 또 위로 받은 선율의 이야기를 손님들에게도 전하고자 한 것입니다.

I형 주인과 I형 손님

우스갯소리지만 예전에는 혈액형으로 사람의 성향을 판단하곤 했습니다. 친구들과 만나면 A형은 소심한 사람, B형은 자기 중심적인 사람, O형은 활발한 사람, AB형은 엉뚱한 사람 등으로 규정하며 서로의 혈액형에 대해 궁금해하고는 했습니다. 이처럼 사람의 성향을 분석하고 판단하는 방법들이 점차 진화하면서 최근에는 MBTI를 통해 서로의 성향을 알아가기도 합니다.

MBTI의 대표적인 성향은 E형과 I형으로 나뉘게 됩니다. 여기서 말하는 E형의 특징은 외향적이며 주목받는 것을 즐기고 많은 사람들과 어울리기를 좋아하는 것이며, I형은 내향적이며 개인의 시간 또

는 소수의 사람들과 함께하는 시간을 좋아한다고 알려져 있습니다. 물론 사람의 성격에는 다양한 모습들이 존재합니다. 이런 분석 결과만 놓고 보면 우리 두 사람은 모두 I형입니다. 감정을 과하게 표현하는 편이 아니며 어디를 가도 드러내기보다는 조용히 머물다 오는 편입니다.

사람마다 성향은 모두 다릅니다. 어떤 이는 공간 운영자와 대화하고 소통하는 것을 즐기고 그것을 편안하게 느낍니다. 반대로 어떤 이는 다른 사람과의 소통보다는 그 공간에서 조용히 머무는 시간 자체를 소중히 여기고 그것에 집중합니다. 이는 성향의 차이일 뿐 맞고 틀림의 문제가 아니기에 공간 운영자는 '나는 어떤 사람인지' 그리고 '이 공간이 어떤 분위기가 되기를 바라는지'에 대해 끊임없

눈에 보이는 편안함도 중요하지만 공간 속에서 어떻게 시간을 보내는지에 대한 고민도 필요하다.

이 고민해야 합니다.

성향이 비슷한 사람들이 서로 잘 어울리는 것처럼 카페 네살차이를 자주 방문해 주는, 소위 단골들도 I형의 성향을 많이 띱니다. 들를 때마 혼자 또는 지인과 조용히 방문해 본인만의 시간을 보내고, 우리는 그 시간을 충분히 즐기고 가길 바라는 마음에서 안부는 눈인사 정도로만 짧게 합니다. 우리 두 사람 또한 때로는 적극적인 표현보다는 적당한 선의 관심을 받을 때 그 공간에서의 시간들이 편안하게 느껴질 때가 있습니다. 많은 말을 나누지 않아도 마음을 전할 수 있고, 그런 마음은 무관심이 아니라 혹여 부담되지는 않을까 하는 배려를 담은 더 큰 관심이기에 무언의 감정들을 서로 나누고 있습니다.

공간에서의 편안함은 공간의 규모나 비치되어 있는 가구 등의 직관적인 것들에서도 느낄 수 있습니다. 눈에 보이는 편안함도 중요하지만 방문하는 이들이 공간 속에서 어떻게 시간을 보내는지에 대한 고민도 필요합니다. 공간에서 편안함을 느끼는 것은 외형의 모습으로만 완성되는 것이 아니라 눈에 보이지 않는 요소들이 그 안에서 어떻게 작용하느냐에 따라 달라질 수 있기 때문입니다. 따라서 공간을 운영하는 사람은 내가 손님으로서 받고 싶은 서비스와 감정들을 공간 안에 스며들게 함으로써 그곳에서의 시간을 편안하게 보낼 수 있도록 세심하게 챙겨야 합니다.

자리마다 비치되어 있는 짐바구니

각 층에 비치되어 있는 물과 냅킨

유행을 따르지 않습니다

뒤쳐지는 것을 좋아하는 사람은 없습니다. 때문에 다른 사람과 늘 비교하게 되고 최대한 그들의 발걸음에 맞춰 따라가려고 합니다. 보폭이 느려지는 순간 무리에서 떨어져 나가게 되고 이는 곧 실패로 이어질 것 같은 불안감을 만듭니다. 그렇기 때문에 우리는 주변 사람의 행동이나 생각에 많은 영향을 받을 수밖에 없습니다. 이는 유행에서 더욱 두드러집니다. 많은 사람들은 옷부터 음식, 거주지 등 분야에 상관없이 인기 있는 아이템을 찾게 되고, 이를 통해 스스로가 '뒤쳐지지 않게 살고 있구나'라고 느낍니다. 즉 대세에 따르는 것이 주류가 되는 것이라고 생각합니다.

비주류여도 괜찮습니다

유행을 따르는 일, 즉 사회에서 주류가 되고자 노력하는 것은 당연한 일입니다. 그래서 늘 변화에 관심을 갖고 또 한편으로는 민감하게 반응하기도 합니다. 하지만 맹목적인 추종은 자칫 자신의 색을 찾지 못하거나 혹은 잃어버릴 수 있습니다. 특히나 공간을 운영하는 사람은 유행을 더욱 더 진지하게 고민해야 합니다. 공간을 만들기 위해서는 스스로의 취향은 무엇인지, 잘할 수 있고 즐기면서 할 수 있는 일은 무엇인지를 아는 것이 중요합니다. 단순히 유행에만 편승한다면, 그 유행이 바뀔 때마다 공간의 색도 바뀌게 되고 정체성마저 잃어버릴 수 있습니다.

처음 카페 네살차이의 모습도 대중적인 공간이라고는 할 수 없었

주문한 음료와 디저트는 운영자가 직접 가져다 준다.

습니다. 일반적으로 손님이 카페를 방문할 때의 운영방식 중 하나를 예로 들어 보면, 보통 출입문을 열고 카페에 들어온 손님은 먼저 카운터로 다가갑니다. 메뉴판을 보고 마실 음료를 정한 후 원하는 디저트를 선택하거나 직접 트레이에 담아 카운터에서 음료와 함께 계산합니다. 주문이 끝나면 원하는 자리에 앉아 메뉴가 준비될 때까지 기다렸다가 카운터에서 호출하거나 진동벨이 울리면 메뉴를 직접 가지러 갑니다. 카페에서 시간을 보내고 나갈 때에는 먹고 난 컵이나 그릇 등은 정해진 장소에 반납합니다.

하지만 카페 네살차이는 조금 달랐습니다. 출입문을 열고 들어왔을 때 보이는 카운터에는 메뉴가 적혀 있지도 않고 디저트가 진열되어 있지도 않습니다. 대신 자리마다 테이블 위에 메뉴판을 두어 자리를 결정하고 착석한 후에 메뉴를 고민하게끔 했습니다. 메뉴

사용한 식기는 머문 자리에 그대로 두고 가게끔 한다.

를 고민하는 것도 중요하지만, 그 이전에 공간을 천천히 둘러보며 편안한 시간을 보낼 수 있는 자리를 결정하는 것에 더 중요한 가치를 두었기 때문입니다. 만일 혼자 조용히 책을 읽고 싶은 목적으로 방문했으나 개인적으로 선호하는 위치나 테이블이 남아 있지 않을 경우에는 다음을 기약하는 선택을 할 수도 있습니다. 주문한 음료나 디저트는 직접 가져다 드리고 머문 후 나갈 때에도 그릇이나 컵 등은 자리에 그대로 두고 가도록 했습니다. 당시에는 이런 모습들이 흔한 운영방법은 아니었지만, 방문하는 이들을 배려할 수 있는 하나의 응대 방식이라고 생각했습니다.

어떤 선택을 해야 하는 순간에는 무난하고 보편적인 방식을 따르기보다 스스로의 직감과 취향에 집중할 뿐입니다. 여기서 중요한 점은 남들과 다름을 위한 목적으로 이러한 선택들을 하는 것이 아니라는 것입니다. 그저 스스로 하고 싶은 일, 담아 내고 싶은 취향의 목소리에 귀를 기울입니다. 어떤 것을 결정해야 하는 상황에서 '일반적이기 때문에, 많은 사람들이 하는 방식이니까'라는 이유에 기대지 않습니다.

뿐만 아니라 카페 네살차이라는 공간을 외부에 직접적으로 드러내려고도 하지 않습니다. 첫 번째 공간에서도, 두 번째 공간에도 이 점은 동일합니다. 대개는 홍보 수단으로 자신의 공간을 최대한 외부에 노출시키고자 노력합니다. 다양한 형태의 간판을 제작하여 눈에 잘 띄는 곳에 배치하고, 유리창에도 로고나 공간의 이름을 표현합니다. 하지만 카페 네살차이는 흰 천을 사용해 외부로부터의 시선을 차단하고 커다란 유리창에도 어떠한 사인물을 두지 않았습니다. 외부에서 볼 때는 그저 하얀 공간, 하얀 건물에 조명이 반짝일 뿐입니다. 그렇기에 종종 '여기 뭐하는 곳인가요?'라는 질문을 받을 때도 있습니다.

이는 카페 네살차이가 단순히 수익만을 위해 존재하는 곳이 아니라 두 사람이 가진 취향을 드러내고 이를 좋아해 주는 사람들과 공유하고 교감하는 것에 큰 가치를 두기 때문입니다. 공감하는 이들이 비록 소수일지라도 그것만으로 공간 운영에 큰 힘이 됩니다. 그렇기 때문에 우리의 공간이 주류가 아닌 비주류로 평가받게 되더라도 크게 걱정하지 않았습니다.

카페를 운영하기 전 도쿄 니시오기쿠보역 근처에 우연히 들른 식당이 있었습니다. 그곳에서는 메인 음식을 우드트레이 위에 정갈하게 플레이팅해 내어 주었는데, 그 장면이 유독 기억에 남아 이를 카페 네살차이에도 반영해 보면 좋지 않을까 생각했습니다. 보통 트레이의 경우 준비한 음식을 다른 곳으로 옮기기 위한 하나의 받침 도구로 쓰입니다. 따라서 메뉴를 내어 준 후 다시 주방으로 가져오게 됩니다. 하지만 우리는 트레이를 단순한 이동 도구가 아니라 음료와 디저트가 담긴 밑그림처럼 활용해 보기로 했습니다. 이런 결심이 서자마자 취향에 맞는 나무 소재를 찾고 또 트레이로 활용할 수 있을 법한 사이즈의 나무들을 수집하기 시작했습니다. 그러고는 트레이 위에 음료와 디저트를 올려 그 자체를 손님 테이블 위에 올려 놓았습니다. 이처럼 우드트레이 플레이팅은 하나의 그림이 되어 손님들에게 새로운 재미와 경험이 되었고, 이는 카페 네살차이만의 풍경이 되었습니다.

눈에 띄는 간판 없이 새하얀 외관

플레이팅을 위해 우드트레이를 모으기 시작했다.

우드트레이 플레이팅

모든 일에 정해진 방법이나 길이 있는 것은 아닙니다. 선택할 수 있는 다양한 방법이 있고 자기만의 방식이 있습니다. 그렇기 때문에 주류가 되지 못한다는 불안감을 갖기보다는 내가 가진 생각이나 취향들을 더욱 뚜렷하게 나타낼 수 있도록 다방면으로 노력해야 합니다. 유행이라는 것은 시시각각 변하고 사람들의 관심 또한 변하지만, 차근차근 나의 모습들로 채워진 공간과 취향은 시간이 지나면서 더욱 견고해집니다.

마음에 들어온 것은 자주 다시 꺼내 봅니다

이와이 슌지 감독의 〈러브레터(1999)〉는 저희 두 사람이 가장 좋아하는 영화입니다. 개봉 후 처음 봤을 때 스토리는 물론 영상미와 흐르는 음악 등 모든 장면들이 마음에 남았습니다. 이후 이와이 슌지 감독의 영화를 하나하나 찾아봤고 20년이 지난 지금까지도 겨울이 되면 문득 〈러브레터〉를 찾아봅니다. 이처럼 마음에 드는 책이나 영화를 만나게 되면 한 번 읽거나 보는 것으로 만족하지 않고 시간 날 때마다 다시 찾아보게 됩니다. 볼 때마다 관점이 달라지기도 하고 새로운 감정들이 생겨나기도 합니다. 즉 취향이 통하면 그때 그 감정들이 마음속에 계속 머물게 되고 시간이 지나더라도 쉽게 잊히지 않습니다.

일본 나라현에 우리가 애정하고 아끼는 레스토랑이 있습니다. 산

중턱에 위치하고 있어 교통이 불편하고 오직 예약제로만 운영하기 때문에 현지인이 아니면 찾아가기 어렵지만, 그 공간의 분위기를 경험하고 싶어 일부러 시간을 내어 방문하게 됩니다. 공간에 들어서는 순간 창 밖으로 보이는 울창한 숲, 공간에서 흘러나오는 음악과 준비되어 나오는 메뉴 그리고 운영자의 친절한 미소 등 모든 것이 우리의 마음을 움직였습니다. 다녀온 이후에도 종종 그날의 장면들이 떠오르기도 했습니다. 그날 이후 매년 6월이면 그곳을 방문하였고, 코로나19로 여행이 제한되기 전 마지막으로 방문했을 때는 그곳에서 결혼을 약속하기도 했습니다. 이처럼 마음에 들어오는 공간을 만나게 되면 크고 작은 불편함이 먼저 떠오르기보다는 공간 속에서의 시간이 더욱 소중하게 느껴집니다. 또 그 공간이 나에게 주는 의미에 대해 생각해 보게 되고, 자연스럽게 공간과의 추억을 쌓기 위해 다시 그곳을 찾습니다.

감사하게도 카페 네살차이에는 다시 찾아주는 손님들이 많습니다. 재방문의 이유가 모두 같지는 않겠지만 한 가지 분명한 건 저마다 이 공간에서 느꼈던 좋은 감정들을 다시 꺼내 보기 위함이라 생각합니다. 때문에 방문할 때마다 눈인사로 서로의 안부를 전하고 머무는 동안 그 시간들을 최대한 즐길 수 있도록 배려합니다. 그 과정에서 느끼는 감정과 경험들이 중요하기 때문입니다. 그것은 내부 인테리어나 메뉴 그리고 손님들에게 전해지는 운영자의 태도가 될 수도 있습니다. 이러한 많은 요소 가운데 취향이 통하는 지점을 발견하고 느끼게 된다면 그곳은 좋은 인상으로 남게 되고 또다시 찾고 싶은 공간이 됩니다.

손으로 직접 만든 것을 기록합니다

카페 네살차이를 운영하면서 늘 고민하는 부분은 '우리의 10년 후는 어떤 모습일까?'라는 것이었습니다. 물론 카페에서 커피와 디저트를 준비하고 이를 내어 주는 일도 두 사람에게 유의미한 일이지만 그 일만으로 우리의 모습을 제한하고 싶지는 않았습니다. 다시 말하면 하고 싶은 일을 하면서 살기로 결심한 만큼 되도록 관심 있는 일에 시간을 할애하고, 그 과정에서 발견한 우리의 새로운 모습들을 통해 보다 다양한 색을 가진 사람으로 성장하고자 했습니다.

이에 카페 운영시간 외에는 나를 알아가는 과정인 취미생활에 투자하기로 했습니다. 공간을 운영하면서 직접 손으로 만든 기물에 대한 가치를 소중히 여기게 되었습니다. 공장에서 기계를 통해 대량 생산되는 제품들은 우리에게 경제적인 효율성과 편리함을 주고, 운영자 입장에서도 활용도가 높은 장점이 있습니다. 다만 누구나 쉽게 구할 수 있고 획일적인 모습이기에 이를 통해 차이를 만들어 내기가 어렵습니다. 수작업으로 만든 물건들은 작업 과정에 소요되는 시간도 오래 걸리고 하나 하나의 모양도 조금씩 다를 수 있습니다. 무엇보다 완성까지 소요되는 시간과 노력만큼 비용도 높아지게 됩니다. 하지만 흔하지 않다는 그 자체로 존재감을 드러낼 수 있고 그로 인해 다른 것과의 차이를 만듭니다. 이런 점에서 우리 두 사람은 수작업에 대한 매력과 가치에 보다 큰 관심을 갖게 되었습니다.

그 시작은 조명으로 기억합니다. 공간을 만들면서 마음에 드는 조명을 찾기 위해 수없이 발품을 팔았지만 마음에 드는 형태의 조명은 좀처럼 눈에 띄지 않았습니다. 머릿속에 그려오던 조명을 찾을 수 없었고 현실과 타협해 적당한 것을 찾게 되면 공간의 이미지도 변할 수 있기 때문에 쉽게 결정할 수 없었습니다. 결국 '기성품 중에서 구하기 어렵다면 우리가 직접 만들어 보자.'라는 다짐에 이르게 되었습니다. 이후 좋아하는 소재들을 모으고 조합하며 디자인을 구상하고 이를 부품들과 연결해 어둡던 공간을 하나씩 밝게 채워 나갔습니다. 공간 속에서 화려하게 돋보이지는 않지만 다른 어

직접 만든 조명

떤 요소보다 자연스럽게 우리의 취향을 뽐내는 부분이 되었습니다. 이를 계기로 단순히 좋아하는 것을 찾아 구매하는 데 만족하기보다는 나의 취향이 담긴 무언가를 내 손으로 직접 만드는 것, 취향을 적극적으로 표현할 수 있는 방법들을 알아가는 것에 매력을 느끼게 되었습니다.

카페를 운영하는 동안 식기에 대한 관심은 더욱 깊어졌고 언젠가 직접 만든 컵과 접시에 커피와 디저트를 담아 대접하고 싶다는 꿈이 생겨 도예 공부도 시작했습니다. 처음 카페를 오픈할 때만 하더라도 상상할 수 없는 일이었지만 시간이 걸리더라도 우리가 직접 만든 기물로 공간을 채워 나가고 싶은 욕심이 커졌습니다. 취향이 담긴 물건들을 구매는 것도 좋지만 조명을 만드는 일처럼 직접 만든 컵과 접시에 음료와 디저트를 담아 낼 수 있다는 것 자체가 의미있는 일이라 생각했습니다. 물론 취향을 담은 식기를 전문가에게 제작 의뢰하거나, 클래스 등의 다른 방법을 통해 만들 수도 있습니다. 그러나 취향은 변할 수 있고 변화하는 자신의 취향을 잘 반영하고 다루기 위해서는 직접 고심하는 과정과 노력이 필요합니다. 즉 취향이 담긴 결과물보다 완성까지의 과정이 더 가치있고 흥미로운 일이라 생각하기 때문에 취향을 표현할 수 있는 여러 방법들을 공부하는데 시간을 할애하고 있습니다. 언젠가 그 꿈이 이루어지면 지금보다 더 다채로운 모습으로 손님들과 마주할 수 있을 것이라 기대하고 있습니다.

공간과 사람은 닮아갑니다

리넨으로 만든 옷을 좋아하고 모자를 즐겨 착용합니다. 화려한 색상보다는 무채색의 옷을 즐겨 입고, 반짝반짝 빛나는 것이 아닌 은은한 무광의 액세서리를 더 선호합니다. 이런 모습은 카페 네살차이와도 닮아 있습니다. 오래된 건물, 무채색의 공간과 낡은 가구, 곳곳에 무심하게 걸려있는 흰색의 천들은 주인과 공간의 취향을 잘 드러냅니다.

카페 네살차이에 들어서면 1층 카운터 옆으로 액세서리부터 버터,

드립백, 원두, 우드 스푼 등 크고 작은 소품들이 비치되어 있어 관심 있는 사람이 구매할 수 있도록 하고 있습니다. 앤티크스러운 색감과 디자인의 액세서리, 식빵과 함께 내어 주는 버터와 스푼 그리고 직접 로스팅한 원두까지 모두 우리 손으로 만든 것이며, 그 하나하나가 공간 안에 자연스럽게 자리 잡고 있습니다. 화려하지는 않지만 하나둘 모여 있는 모습에 손님들은 카페를 이용하는 동안 그것들을 차근차근 살펴봅니다. 단순한 호기심에서부터 아주 신중하게 둘러보는 이까지 다양하지만 그중에서도 오랜 시간 머물며 관심을 갖는 사람들은 분명 비슷한 취향을 가졌으리라 생각합니다.

카운터 옆에는 버터, 우드 스푼 등 구매 가능한 소품들이 진열되어 있다.

두 사람이 직접 만든 카페 네살차이만의 버터

취향이 같거나 비슷할 때면 그에 대한 호감도 자연스레 증가합니다. 카페라는 공간 안에서 여러 가지 소품을 전시하는 일은 운영자의 취향을 표현하는 또 다른 방법 중 하나입니다. 단순한 판매 목적보다는 취향을 시각화함으로써 손님들에게 공간 속 하나의 재미요소를 공유할 수 있습니다. 이런 요소들이 늘어날수록 공간 고유의 색은 짙어지고 운영자와 손님의 취향적 관계도 깊어지게 됩니다. 취향을 공유하는 시간은 운영자에게도 손님에게도 소중한 경험의 순간입니다. 이런 경험은 억지로 이루어지는 것이 아니라 공간을 오가며 느낄 수 있는 오감을 통해 마음속에서 자연스럽게 나타나는 것이며, 그 마음이 통할 때 우리는 설렘과 행복감을 느끼게 됩니다. 이런 의미에서 운영자도 방문하는 손님도 서로가 행복할 수 있는 공간을 그려 나가야 합니다.

카페 네살차이에는 초기부터 지금까지 인연을 이어가고 있는 사람이 있습니다. 그의 손에는 늘 작은 카메라가 들려 있고, 공간의 장면을 차분히 사진으로 담는 모습이 인상적입니다. 보통 손님들은 카메라로 자신의 모습이나 메뉴를 찍는 것이 일반적인데, 그는 마치 우리가 공간을 기록으로 남기기 위해 사진을 찍는 것처럼 곳곳을 세심하게 들여다보곤 했습니다. 공간에 운영자의 취향이 묻어나듯 사진에도 찍는 사람의 취향이 드러난다고 생각합니다. 같은 장소라 할지라도 색감이나 구도, 찍는 사물의 모습들이 모두 다른 분위기를 풍기는 이유도 이 때문일 것입니다. 이로 인해 평소 우리가 잘 알고 있는 공간을 다른 시선으로 바라본 사진을 통해 그의 취향을 오롯이 느낄 수 있었습니다.

이후 그와는 자연스럽게 안부를 묻는 가까운 사이로 발전하게 되었고, 이전을 앞두고 있던 시기에 카페 네살차이의 장면들을 모아 책으로 만들어 주기까지 했습니다. 단순하게 생각하면 카페 네살차이라는 공간 속에서 발전한 운영자와 손님의 관계일 수 있지만, 각자의 표현을 통해 취향과 감정을 교감하고 나눌 수 있음에 감사한 마음이 큽니다.

취향을 공유하는 손님으로부터 받은 사진집

취향을 공유하는 소중한 시간

가족, 커플, 친구 등 카페 문을 열고 들어서는 이들의 모습은 다양합니다. 여기에는 한 가지 공통점이 있는데, 이는 방문하는 이들의 이미지가 대부분 비슷하다는 것입니다. 특히 커플이나 친구들의 경우에는 이런 모습들이 더욱 도드라집니다. 좋아하는 것이 서로 겹치면 자연스럽게 가까워지고, 공통된 관심사를 교류하는 사이 관계는 발전합니다. 개인마다 각자 고유한 취향이 존재하고 그 취향에 공통점이 생겼을 때 서로에 대한 호감도도 높아지게 되는 것입니다. 이는 사람과 공간의 관계에서도 마찬가지입니다. 어느 공간을 방문한다는 것은 나의 취향과 겹치는 부분이 있다는 것을 의미합니다. 머무는 동안 감정의 공통점이 커질수록 공간의 매력 또한 크게 다가옵니다.

취향의 교집합

일상에서 직간접적으로 경험하게 되는 무수한 정보 중 어떤 것에 끌리게 되고, 그것에 대해 알아가고 관심을 기울이는 시간이 쌓이면서 이는 자연스럽게 나의 취향으로 자리 잡게 됩니다. 이처럼 취향은 하루 아침에 결정되는 것이 아니라 축적되는 것이며, 한 가지로 한정되는 것이 아니라 여러 가지 모습이 하나의 연결고리로 묶여 있는 것입니다.

카페 방문의 시작도 손님의 단순한 관심에서 시작합니다. 먼저 내외부의 인테리어 또는 메뉴를 이미지로 접하고 주변에서 전하는 이야기들을 통해 호기심을 갖게 됩니다. 이후 블로그나 SNS 등을 통해 먼저 경험한 타인의 정보를 간접적으로 살펴본 다음 직접 방문할 것인지의 여부를 결정하게 됩니다. 실제로 방문했을 때 처음에 가졌던 단순한 관심이 만족으로 충족되면, 공간에 흐르는 음악이나 운영자의 태도 등과 같은 세세한 부분에 관심을 두게 되고, 이 모든 부분들이 하나로 연결되면서 공간 전체의 이미지, 즉 인상이 결정됩니다.

카페 운영에 있어 가장 중요한 것은 커피 맛일 수 있습니다. 그러므로 맛에만 집중하면 된다고도 합니다. 물론 대부분 동의하는 이야기로, 이는 카페라는 업종에서 가장 기본적이고도 중요한 부분입

니다. 하지만 카페를 포함한 공간은 계속해서 변하고 있기 때문에 단순한 음료나 디저트 판매를 넘어 운영자의 스토리가 담겨 있어야 합니다. 그 스토리가 가진 여러 가지 모습들을 공간 곳곳에 표현하고 방문하는 이들과 교감하면서 운영자와 손님의 취향도 두터워지게 됩니다.

테이블 위에 담긴 마음

소중한 지인을 집으로 초대합니다. 가볍게 티타임을 가지거나 식사를 할 예정이라면 어떤 음식을 준비할지 또 어떤 그릇에 담아 낼지 고민하게 됩니다. 일부러 의식하지 않았지만 우리는 평소 가장 아끼는 컵과 접시를 골라 테이블 위에 올려 놓습니다. 즉 나의 취향이 담긴 아끼는 그릇에 정성껏 준비한 음식을 담아 내는 것은 고마운 마음을 나누는 과정입니다. 한 잔의 커피를 대접하는 일도 마찬가지입니다. 따뜻한 커피 한 잔도 어떤 잔에 담느냐에 따라 커피 한 잔의 표정과 감정의 무드는 달라집니다. 무언의 표현이지만 이를 통해 운영자의 취향과 마음에 공감하게 되고 손님은 눈으로 천천히 이를 음미하게 됩니다.

카페를 준비하는 과정은 많은 선택을 하는 과정이기도 합니다. 여러 결정을 하다 보면 처음의 의욕적인 모습은 점차 힘을 잃게 되고

작은 결정은 소홀히 하는 경우도 종종 생깁니다. 컵과 그릇을 고르는 일도 마찬가지입니다. 사소한 부분이지만 내가 준비한 음료와 디저트가 손님들에게 직접적으로 전해지기 때문에 또 다른 의미에서는 중요한 부분이 될 수 있습니다. 손님들은 테이블 위에 놓인 식기를 가장 먼저 눈으로 보면서 운영자의 취향과 마음을 엿볼 수 있기 때문입니다.

카페 네살차이 운영에서 중점을 둔 부분도 바로 식기와 커트러리였습니다. 좋아하는 소재나 색감 등을 충분히 고민하며 일상에서나 여행지 등에서 취향에 맞는 컵이나 접시, 커트러리를 발견하면 하나씩 모으기 시작했습니다. 특정 브랜드를 찾아 구매하기보다는 여러 상점이나 작가의 전시 등을 다니면서 마음에 드는 물건들을 구매하곤 합니다. 구매할 때 어떤 원칙이나 조건이 있는 것은 아니지만 그렇게 모아 온 컵이나 접시들을 살펴보면 비슷한 특징들이 있습니다. 대부분 반짝임이 덜한 무광, 무채색을 띤 것들이었고 그중에서도 유독 아이보리 색상이 많았습니다. 또한 전체적으로 비슷한 형태의 접시와 컵, 스푼이나 포크라 할지라도 자세히 들여다보면 비뚤비뚤 소위 손맛이 느껴지는 제각기 다른 디자인의 식기류를 좋아합니다. 오랜 시간 사용하다 보니 색이 바라고 조금씩 상처가 났지만 그 또한 시간이 쌓이는 자연스러운 흔적이기 때문에 지금까지도 아끼는 마음으로 사용하고 있습니다.

네살차이의 커트러리들

커트러리류는 실버 소재의 빈티지 제품을 선호합니다. 카페를 운영하면서 빈티지 제품에 대한 관심이 더 많아지게 되었습니다. 단순히 오래되고 낡은 것으로만 생각하기 쉽지만 우리 두 사람에게 빈티지는 따라하듯 표현해 내기 어려운 그 시기만의 감성이 있고, 더욱이 지금은 생산하지 않기 때문에 희소성이 있는 것들을 의미합니다. 따라서 정기적으로 열리는 빈티지 마켓들을 찾아 다니며 마음에 드는 스푼과 포크를 수집해 깨끗이 세척하고 소독해 사용하고 있습니다. 이곳에서 사용하는 기물들이 저마다 고유한 빛을 띠고 또 하나의 통일감을 만들어 낸다면, 카페 네살차이만의 취향이 더욱 깊어질 수 있기에 두 사람에게는 너무나도 즐거운 시간이

자 꼭 필요한 과정입니다.

이런 시간들을 모아 주방을 채웠고 그렇게 취향을 담은 음료와 디저트를 내어 줄 수 있었습니다. 그래서인지 식기들을 보고 예쁘다며 궁금해하는 손님들이 종종 있습니다. 이처럼 취향을 수집하는 시간을 통해, 한 잔의 커피나 접시 위 케이크를 통해 같은 취향을 소재로 손님들과 이야기 나눌 수 있습니다. 따라서 카페를 운영하며 메뉴를 담아 내는 식기에도 운영자의 취향이 분명하게 드러나야 합니다.

나의 감정을 기록합니다

오롯이 나만을 위한 시간을 보낼 때 우리는 편안함을 느낍니다. 그렇기 때문에 때로는 어느 누구에게도 간섭 받지 않기를 원하며 나를 위한 시간에만 집중하고자 합니다. 이런 이유로 평소 안정감을 느끼던 익숙한 공간을 방문하기도 하고 또는 기분 전환을 위해 새로운 공간을 찾기도 합니다. 즉 공간이 편안함과 안정감을 동시에 줄 때 머무는 시간은 보다 비옥해집니다. 다만 편안함을 느끼는 기준은 사람마다 다르고 또 정도에 있어서도 차이가 있기 때문에 유영자는 이에 대한 고민이 필요합니다. 특히나 카페라는 공간은 남녀노소, 각양각색의 손님들이 방문하는 곳입니다. 같은 공간에서도 어떤 사람과 머무느냐에 따라 그 분위기와 감정이 달라질 수 있기 때문에 운영자는 공간 운영에 있어 분명한 자기만의 철학을 가져야 합니다.

방문하는 이들의 모습이 다르듯 공간의 운영 모습도 모두 다릅니다. 운영자 또한 여러 가지 이유로 다른 공간을 방문하게 됩니다. 식사를 위해 식당을 찾거나 휴일에는 카페에 들러 커피와 디저트를 즐기기도 합니다. 운영자 또한 손님으로 머물면서 어떤 부분이 나에게 편안함을 주는지와 그것이 공간에 어떤 영향을 미치는지 세심하게 살펴봐야 합니다. 감정을 기록한다는 것은 자신이 좋아하는 분위기나 손님으로서 받고 싶은 서비스의 포인트를 알아가는 과정이며, 이는 공간 운영의 방향성에 대한 기준을 정하는데 중요한 요소가 됩니다.

편안함의 기준은 운영자의 감정이 가장 우선되어야 합니다. 다르게 표현하면 운영자가 손님으로 있으면서 편안함을 느끼고, 중요하게 여겼던 기준들이 자신의 공간에 먼저 반영되어야 한다는 것입니다. 운영자가 공간을 찾는 이들의 요구를 하나하나 다 맞추는 것은 불가능합니다. 즉 명확한 기준 없이 응대하다 보면 공간의 분위기가 자칫 운영자가 아닌 손님들에 의해 좌지우지될 가능성이 있습니다. 그렇기 때문에 운영자는 지금까지 자신이 경험한 공간 속 감정들을 기억하고 그중에서 편안함을 느낄 수 있었던 요소들을 공간에 반영해야 합니다.

화장실 문 앞에 걸어 둔 안내문

어느 장소를 방문하든 화장실의 청결함을 신경 쓰는 편입니다. 이는 누구에게나 해당되는 부분일 수 있습니다. 그만큼 화장실은 개인적인 공간이기에 타인에 의해 방해 받거나 불편함을 느끼는 것에 예민할 수밖에 없습니다. 종종 화장실 문 앞에 사용 중임을 알 수 있는 표시를 볼 때가 있습니다. 그럴 때마다 손님 입장에서 '아! 운영자가 세심하게 이런 것까지 챙기고 있구나'라는 것을 느끼게 됩니다. 보통 우리는 똑똑똑 노크와 함께 '혹시 안에 누가 있나요?' 라는 양해의 신호를 보냅니다. 물론 화장실 칸이 여러 곳인 경우에는 해당되지 않는 이야기겠지만, 하나의 화장실을 공유하는 상황에서는 노크 소리가 자칫 재촉하는 것처럼 느껴질 수 있습니다. 이러한 점을 고려해 우리는 '사용 중' 또는 '비어 있음'을 알리는 안내문을 활용하기로 했습니다. 이용 중인 손님이 조급함을 느끼지 않도록 한 번 더 배려하는 순간을 만들어 서로 간에 방해를 줄이고자 한 것입니다. 사소한 부분일 수 있지만 이러한 요소들은 결국 공간 속에서 편안한 시간을 보내는 것으로 자연스럽게 이어집니다.

뷰는 없습니다만

공간에서 창 밖으로 보이는 모습은 때론 그 공간을 방문하는 목적이 되기도 합니다. 그래서 많은 카페들은 오션뷰, 리버뷰, 포레스트뷰 등 앞다투어 좋은 풍경을 만들기 위해 노력하고 이를 홍보합니다. 이렇듯 공간 밖의 환경들은 운영자와 손님에게 특별함을 선사합니다. 하지만 이는 한정적인 위치와 높은 비용으로 누구나 쉽게 선택할 수 있는 사항이 아닙니다.

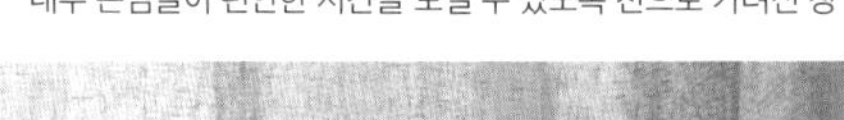

내부 손님들이 편안한 시간을 보낼 수 있도록 천으로 가려진 창

평범한 주택가에 위치한 카페 네살차이는 늘 동네 주민들의 호기심 대상이었습니다. 종종 유리창 너머로 공간 내부를 훑어보는 시선이 조금은 부담스러웠고, 머무는 손님들도 같은 마음일 수 있겠다는 생각에 새 하얀 커튼을 설치해 통창을 가렸습니다. 은은한 커튼은 채광을 유지하면서도 외부의 부담스러운 시선을 차단해 주었고, 무엇보다 손님들에게 밖에서는 보이지 않는 카페 내부의 분위기를 경험할 수 있다는 기대감을 심어 주었습니다. 마치 다른 세상에 온 듯한 새로움을 주면서 공간에 머무는 시간에 집중할 수 있도록 한 것입니다.

이러한 요소는 두 번째 공간을 구상하면서 더욱 중요시되었습니다. 전체가 3층인 건물에서 1층은 오직 주방과 카운터로만 구성했고, 2층과 3층은 손님들이 머물며 각자의 시간을 보낼 수 있도록 했습니다. 이에 1층 출입문을 열면 바로 카운터가 보이고, 운영자만이 인사를 건네며 방문객을 맞고 있습니다. 때문에 그 순간은 오롯이 손님과 주인이 서로 교감할 수 있는 상황이 자연스럽게 연출됩니다. 이는 또한 포장하거나 만석으로 인해 대기하는 손님과 공간에 머무는 손님 간의 시선 충돌을 막을 수 있습니다. 이로써 운영 중에 생길 수 있는 다양한 상황에 방해받지 않고 손님들이 보다 편안한 시간을 보낼 수 있게 됩니다.

주방에서 메뉴를 준비하고 있을 때면 지금도 카페 문을 조심스레 열고 "여기 뭐하는 곳이에요?", "카페 네살차이 맞아요?"라고 묻는 사람들이 종종 있습니다. 이처럼 우리 두 사람은 카페 내의 손님이 외부와 최대한 분리되어, 그래서 누구에게도 방해받지 않고 공간 안에서 시간을 충분히 즐길 수 있길 바라는 마음으로 운영하고 있습니다. 자랑하고 싶은 특별한 뷰는 없지만 공간에 들어섰을 때 우리가 보여 주고자 하는 취향과 분위기를 충분히 느낄 수 있도록 고민하고 노력합니다.

좋았던 추억은 재방문으로 이어집니다

'갓 구운 빵을 손으로 찢어 먹는 것, 서랍 안에 반듯하게 접어 넣은 속옷이 잔뜩 쌓여 있는 것, 새로 산 정결한 면 냄새가 풍기는 하얀 셔츠를 머리에서부터 뒤집어쓸 때의 기분.' 일본의 소설가 무라카미 하루키는 이것이 소소하지만 확실한 행복이라고 이야기하며, 우리는 이를 줄여 '소확행'이라 부릅니다.

바쁜 일상 속에서 사람들은 작은 것으로부터 즐거움을 찾고, 그 시간을 오롯이 자신을 위한 시간으로 정의함으로써 누군가의 간섭이나 방해받는 것을 꺼려 합니다. 즉 행복이라는 것은 많은 비용을 들이거나 거창한 이벤트가 아니라 온전히 자신만의 방식으로 귀중한 시간을 보낼 때 가능하다는 의미입니다. 오늘도 우리는 각자만의

'소확행'을 마음에 품고 하루를 살아가고 있습니다.

추억이란 '지나간 시간들을 돌이켜 생각하는 일'을 말합니다. 이 시간들의 주체는 혼자일 수도 있고 다수와 함께한 경험일 수도 있습니다. 다만 같은 시간 속에서 동일한 경험을 하더라도 사람마다 느끼는 감정은 다르기 때문에 우리는 그 기억들이 즐거웠는지의 여부를 더 중요하게 여기곤 합니다. 그래서 특히 좋았던 추억들은 종종 마음속에서 꺼내 보게 되고 그날의 시간들을 함께 향유하기도 합니다.

카페를 방문하는 이유 중 하나는 '소확행'을 실현하기 위함이다.

나의 추억을 공유합니다

우연히 들른 음식점이 맛집일 때, 여행에서 묵은 숙소가 안락하고 편안해서 마음에 쏙 들 때, 멋진 풍경을 볼 수 있는 장소를 발견했을 때 등 일상에서의 소소하지만 즐거운 순간들을 가족, 연인, 친구 등 가까운 사람들과 공유합니다.

카페는 각자 다른 목적을 가진 사람들이 자유롭게 방문하는 곳입니다. 조용히 혼자만의 시간을 보내기 위해 카페를 찾기도 하고, 연인들은 둘만의 오붓한 시간을 위해 카페를 찾기도 합니다. 카페는 누구나 편히 들를 수 있는 공간이고 머무는 동안 그 시간을 어떻게 보내느냐에 따라 그날의 기억 또한 달라지게 됩니다.

사람들이 호감을 갖고 찾는 카페는 그 공간만의 특별함이 있어 이를 직접 경험하고 싶은 호기심을 야기합니다. 일부러 방문한 곳에서의 시간들이 아깝게 느껴지지 않고, 찾아오길 잘했다는 생각이 들 정도로 만족스럽다면 그 공간의 기억은 좋은 추억으로 남게 됩니다. 이처럼 좋았던 추억은 일상에서도 긴 여운으로 남아 이후 그곳을 다시 찾게 되는 이유가 되기도 합니다.

결국 어느 공간이든 손님으로 방문했을 때 본인이 직접 경험한 감정이나 기억이 그 공간을 평가하는 데 많은 영향을 미치게 됩니다.

이는 공간의 외형이나 메뉴와 같은 유형의 것만이 아니라 손님을 대하는 태도 그리고 공간이 운영되는 무형의 모습까지도 복합적으로 작용합니다. 즉 아무리 맛있는 메뉴가 있다 할지라도 불친절하거나 공간의 분위기가 나의 취향과 맞지 않으면 한 번의 경험으로 충분했다고 생각할 수 있습니다. 반대로 입맛에 맞는 메뉴와 더불어 공간의 분위기가 만족스럽다면 호감이 충만한 상태로 재방문을 희망하게 됩니다.

따라서 공간을 찾는 손님들이 좋은 추억을 간직할 수 있도록 운영자는 늘 세심한 배려의 시선을 유지해야 합니다. 음료와 디저트를 만들고 손님에게 제공하는 것이 끝이 아니라, 손님이 공간에 머무는 동안 혹여나 느낄 수 있는 불편함은 최소화하고 온전히 그 시간을 보낼 수 있도록 지속적인 관심을 가져야 합니다. 공간을 좋아하고 소중히 여기는 운영자의 마음이 사람들에게 자연스럽게 전해지고 그 시간을 공유한다는 생각으로 운영해야 합니다. 이런 가치를 손님들도 충분히 느끼고 그 공감의 영역이 클수록 다시 방문하는 횟수도 늘어날 것입니다.

공간도 사람도 함께 시간이 쌓여갑니다

노포(老鋪)라고 하면 보통 오래된 가게를 떠올립니다. 빛바랜 간판만이 여기가 가게임을 알리고, 안으로 들어서면 손 때 묻은 집기와

운영자는 무조건적인 친절을 베푸는 것이 아니라 자신의 공간을 소중히 여기는 마음을 자연스레 전달해야 한다.

그 안에서 분주히 일하는 주인의 모습을 엿볼 수 있습니다. 이런 가게는 동네마다 꼭 하나쯤 있어 우리에게는 어릴 적부터 친숙한 이미지로 남아 있습니다.

이와 같은 노포의 가장 큰 특징은 오랜 단골 손님이 있다는 것입니다. 물론 지금은 맛집으로 입소문이 나면서 여기저기에서 노포를 찾아 다니는 모습을 쉽게 볼 수 있지만, 사실 그 자리를 묵묵히 지킬 수 있었던 것은 동네 주민들이나 그 맛을 좋아하는 사람들의 꾸준한 발걸음 때문입니다. 외관이 낡고 내부가 세련되지 않아도 늘

한결 같은 맛과 멋으로 유지된다면 시간이 쌓이는 만큼 그 존재는 그곳만의 특별함이 되고, 더불어 단골 고객도 늘어나게 되는 것입니다.

흔히들 카페의 수명은 짧다고 합니다. 카페 중에서 노포라 불릴 만큼 오래 운영되는 곳을 찾기는 쉽지 않습니다. 그래서 노포를 떠올리면 오래된 음식점 정도로 한정하여 생각하는 경우가 많습니다. 이는 카페라는 업종의 특성 때문일 수도 있습니다. 덧붙여 카페라는 공간에는 그 시기 사람들의 관심을 받은 유행 아이템들이 반영되는 경향이 있습니다. 즉 운영자의 취향이나 지향하는 가치보다는 지금의 트렌드를 중심으로 창업하는 경우가 많다는 것입니다. 물론 창업을 함에 있어 현재의 시장조사는 반드시 필요합니다. 하지만 후자에 기울어진 선택을 한다면 모든 것이 빠르게 소비되고 변화하는 지금 때마다 인기 있는 트렌드도 바뀌게 되고, 결국 관심에서 멀어지면서 그 공간만의 특색도 잃어버리게 될 것입니다.

시간이 지나도 사람들이 다시 찾는 공간이 되기 위해서는 무엇보다 운영자의 가치가 중심이 되어야 합니다. 그것이 공간 운영의 중심을 잡아줄 때 여러 환경의 변화에도 흔들리지 않을 수 있고, 한결같은 맛과 멋을 유지할 수 있습니다. 주변의 크고 작은 변화와 힘든 상황을 잘 극복하고 유지해온 고유의 멋과 내공이 있는 곳으로 받아들이고, 그 공간에서의 시간들을 의미있게 여기게 될 것입니다.

사람들은 자신의 추억이 담긴 공간이 시간이 지나도 그 모습 그대로 존재하고 있음을 알게 될 때 반가움을 느낍니다. 이는 그 공간에 대한 향수와 더불어 '좋았던 기억을 다시 경험할 수 있겠구나' 하는 희망 때문일 것입니다. 그래서 다시 찾은 공간에 머물면서 지난 날의 추억을 되새기곤 합니다. 시간이 흐르면서 자연스럽게 나이를 먹고 성숙해지듯이 공간 또한 시간이 쌓이며 멋이 깊어지게 됩니다.

'행복한 시간'을 한 가지로 정의하기는 어렵습니다. 즉 무엇에 가치를 두느냐에 따라 행복의 조건도 달라질 수 있습니다. 우리가 어떤 장소나 공간을 떠올릴 때 다시 방문하고 싶은 마음이 든다면 이는 곧 그곳에서의 시간이 행복했음을 의미하는 것이고, 좋은 추억을 품게 된 사람들은 시간이 지나서도 그 기억들을 꺼내어 다시 방문하게 됩니다.

PART 2

사장은 배우,
손님은 관객이 되는 카페

“

카페라는 장소는 운영자가 메뉴를 준비하고 손님에게 이를 건네는 것으로 그 목적을 다했다고 할 수도 있겠지만, 내가 손님이 되었을 때의 관점에서 그 공간의 좋은 모습을 발견하고 채워 나가야 합니다. 운영자 스스로가 먼저 만족할 수 있는 공간이 되면 그 의미는 자연스레 손님들에게 전달되고 사람들 또한 점차 늘어나게 됩니다.

”

일부러 찾아 주길 바라는 공간

오늘도 우리는 무수히 많은 공간을 마주하게 됩니다. 특히 내 취향에 맞는 곳이라면 일부러 시간을 내서라도 찾아가곤 합니다. 나의 시간과 돈을 투자하는데 주저하지 않는다는 의미이기도 하죠. 창업을 준비하는 사람이 맞닥뜨리는 첫 공간은 아무것도 그려지지 않은 빈 도화지와 같습니다. 내가 바라는 공간을 어떻게 찾을지에 대한 고민은 마치 스케치를 하기 전 새하얀 도화지를 찾는 것과 마찬가지입니다.

특별하지 않은, 그저 스쳐가는 동네에 자리를 잡았습니다

창업을 준비할 때 가장 중요하게 생각하는 부분 중 하나가 바로 상권 일 겁니다. 어느 곳에 위치하느냐가 이후의 성공과 실패를 결정할 수도 있기 때문에 신중할 수밖에 없습니다. 상권이 발달한 곳에는 이미 많은 유동인구가 존재하고, 그로 인해 나의 공간 또한 자연스럽게 홍보가 가능합니다. 때문에 공간을 준비하는 사람들이 선호하는 곳이기도 하죠. 하지만 고정비용이 높아 짧은 시간 안에 운영 성과를 이루지 못하면 실패로 이어질 가능성이 높습니다. 즉 가게를 오픈하고 운영하며 겪을 수밖에 없는 시행착오의 시간이 부족할 수도 있다는 의미입니다. 이러한 이유로 많은 공간들이 좋은 상권에 자리 잡았음에도 불구하고 단기간 내에 사라지기도 합니다.

평범한 회사원이었던 우리 두 사람은 여러 가지 이유와 함께 '내가 주체적으로 만들어 가는 일을 하고 싶다'라는 생각에 회사를 그만두었습니다. 이후 서로 커피, 목공, 금속 공예, 자수 등 평소 관심 있던 것을 배우는 데 몰두했고 그 과정에서 공간의 필요성을 느끼게 되었습니다. 그렇게 카페 겸 두 사람의 작은 작업실을 상상하며 공간을 준비하게 되었습니다. 안정적인 직장 생활을 그만두고 새로운 분야에 발을 내딛는 상황에서 지금의 선택들이 어떤 결과를 초래할지 모든 것이 불확실했습니다. 그렇기 때문에 공격적인 투자보다는 최선의 선택을 하기 위해 많은 고민을 해야만 했습니다. 높은 권리금을 낼 여력도 안 됐고, 작업실이자 카페가 잘 운영될지도 확신이 없었기 때문에 높은 임대료를 감당하는 일이 쉽지 않았습니다. 정해진 예산을 기준으로 공간을 찾다 보니 선택지는 한정적이었고 이에 우리는 자연스럽게 두 가지의 고민을 하게 되었습니다. 같은 조건 안에서 상권이 발달한 번화가에 위치한 공간을 고를 것인지, 상대적으로 조용한 동네지만 공간을 여유롭게 활용할 수 있는 곳을 고를 것인지. 우리는 후자로 결정하고 이후 특색 없는 동네에서 두 사람만의 공간을 찾기 시작했습니다.

무채색의 동네에 우리만의 색을 입힙니다

색깔 없는 동네의 풍경은 대부분 비슷합니다. 오래된 주택들이 즐비해 있고 외지인보다는 그곳에서 오랜 시간 거주한 어르신들이 대부분입니다. 때문에 바쁘게 움직이기보다는 한적하고 느릿느릿한 분위기입니다. 그동안 각자의 자리에서 바쁘게 움직여 왔기 때문에 앞으로 함께 만들어 갈 우리의 공간과 생활방식이 이 동네의 잔잔한 흐름처럼 천천히 변화하면 좋겠다는 바람이 있었습니다. 단순히 돈을 벌고자 하는 목적이 우선이었다면 유동인구가 많은 번화가에서 공간을 준비했을 것입니다. 본격적으로 공간을 만들고자 계획한 이후 우리 두 사람은 서로가 공통으로 좋아하는 색감과 물건, 맛 등을 찾기 위해 많은 시간을 할애했습니다. 단순한 일터로 생각하기보다는 하루 중 가장 많은 시간을 보내는 일상의 공간으로 생각했기에 이러한 과정은 무엇보다 중요했습니다. 남들보다 느렸고 또 조용했지만 그 속에서 다름을 만들기 위해 노력했습니다. 이렇게 조금씩 무채색의 동네에 우리만의 색을 입히게 되었습니다.

첫 번째 공간이 위치한 주택가의 모습

무채색을 가진 곳의 장점은 온전한 우리만의 색을 드러내기 좋습니다. 첫 번째 공간과 두 번째 공간을 찾았을 때의 공통점은 그 동네를 떠올렸을 때 딱 생각나는 유명한 카페가 없다는 것이었습니다. 하얀 도화지에는 검정색 점 하나만 있어도 도드라지듯이 무채색의 동네 한 가운데 우리만의 색을 입힌 공간을 만든다면 분명 눈에 띌 수 있겠다고 생각했습니다. 다만 위치를 정하기 전에는 항상 주변 환경을 먼저 고려해야 합니다. 예를 들어 손님들이 대중교통을 이용해 충분히 찾아올 수 있는 위치인지 또는 자동차 이용 시 주변에 주차장 등이 있는지 등을 확인해야 합니다.

일부러 찾아온다는 것은 말 그대로 시간과 돈을 투자한다는 것입니다. 이는 지나가다 들르는 곳이 아니라 먼저 관심을 갖고 방문한다는 것을 의미하는데, 일부러 시간을 내는 만큼 그 기대치는 더 높아질 것입니다. 이때 공간이 주는 분위기나 머무는 동안의 서비스 그리고 그 시간 동안 즐기는 맛들이 만족스럽다면 단순 호기심에서 애정 있는 호감으로 바뀌게 됩니다. 뿐만 아니라 공간의 차별화된 가치가 더 강력해질 수 있습니다. 이러한 호감들이 쌓이게 되면 공간 자체가 하나의 브랜드가 될 수 있고 힘이 생깁니다. 카페 네살차이가 두 번째 공간으로 이전할 당시에는 그동안 쌓인 우리만의 힘이 있다고 믿었기 때문에 주변 환경과 상권에 따라 흔들리지 않았고 오롯이 우리가 그리고 싶은 공간을 찾는 것에만 힘을 쏟을 수 있었습니다.

카페 네살차이의 첫 번째 공간은 부산 광안리 해수욕장에서 조금 떨어져 있는 조용한 동네에 위치했습니다. 초등학교 앞 오래된 문방구 외에는 별다른 상업적인 공간이 없었고, 그래서 처음 공간을 준비할 시기에는 모두들 '왜 이곳에?' 하는 호기심과 함께 우려의 시선을 보냈습니다. 하지만 오히려 이런 사람들의 무관심한 주변 환경이 우리에게는 장점으로 다가왔습니다.

첫째, 임대료가 저렴했습니다. 상권이 형성되지 않은 거주 목적의 조용한 분위기였기에 규모 대비 두 사람이 희망했던 기준에 부합했습니다. 둘째, 유명 관광지와 그리 멀지 않은 위치였습니다. 도보로 10~15분 정도 걸으면 부산을 대표하는 해수욕장이 있기에 우리의 공간에 관심있는 손님이라면 찾아오기에 충분한 조건이 된다고 느꼈습니다. 셋째, 공간과 가까운 거리에 버스정류장이 있었습니다. 카페 맞은편에는 버스 차고지가 위치해 있었기 때문에 번화가는 아니지만 대중교통을 이용해서도 부담 없이 방문할 수 있다는 점에서 여러 가지 부분들이 충족될 수 있었습니다.

대부분의 사람들은 기존에 잘 조성되어 있는 상권이나 소위 말하는 핫플레이스에서 자신의 공간을 최대한 많이 홍보하고 노출시키

첫 번째 공간 맞은편에 위치한 버스정류장

기 위해 노력합니다. 물론 이는 고객을 확보할 수 있는 안정적인 장치입니다. 하지만 우리 두 사람은 역선택을 했습니다. 이미 만들어진 주변의 상권, 유행 등에 편승하지 않고 우리만의 길을 만들었습니다. 무모하고 현실적이지 못하다고 지적할 수 있지만, 오히려 다른 것들에 영향을 받지 않고 공간을 객관적으로 바라볼 수 있는 기회가 되었습니다.

쉽게 얻은 것은 쉽게 잃을 수 있습니다. 그렇기 때문에 시간이 걸리더라도 환경에 휘둘리지 않는 나의 것을 만드는 과정이 필요하다 느꼈고, 이는 곧 우리만의 브랜드가 될 수 있었습니다. 자신의 색을 충분히 녹여낸 공간은 사람들로 하여금 일부러 찾아오고 싶은 매력을 가진 공간이 됩니다. 이는 장기적으로 어떤 변수에도 흔들리지 않는 우리만의 힘이 됩니다.

유행은 따르는 것이 아니라 만드는 것이다

공간을 구상하며 늘 고민한 부분은 '어딘가가 떠오르지 않는 공간'입니다. 다시 말해 누군가 나의 공간을 방문했을 때 다른 어느 곳이 연상되지 않아야 한다는 것입니다. 그것은 분위기나 메뉴 등 공간을 이루는 모든 요소에서도 마찬가지입니다. 물론 완전히 새로운 것은 없습니다. 그렇기 때문에 많은 경험을 통해 남들과 다른 나만의 모습을 만들어야 합니다.

카페 네살차이를 운영하며 깨달은 것 중 하나는 운영자가 노력해서 만든 공간은 그곳을 방문한 손님들이 가장 먼저 알아본다는 것입니다. 시시각각 수많은 공간이 생겨나는 만큼 사람들도 많은 공간을 경험합니다. 그리고 그 경험을 바탕으로 주관적으로 평가하

기도 합니다. 운영하는 사람의 취향과 가치관이 녹아 든 공간은 자연스럽게 노출되고 찾아오는 이들에게 좋은 평가와 사랑을 받게 됩니다. 그런 모습이 널리 퍼지면 내가 곧 유행을 만드는 주체가 될 수 있습니다. 다만 유행을 인위적으로 만드는 것은 매우 어렵고 힘든 일이기 때문에 유행 자체가 공간 운영의 목적이 되어서는 안 됩니다. 메뉴나 공간의 모습, 분위기 등에 나의 가치와 취향이 분명히 드러나고 그 안에 이야기를 담을 때 다른 곳과의 차이를 만들 수 있습니다. 예를 들어 카페 네살차이의 대표적인 디저트 메뉴인 '식빵 세트'는 처음부터 디저트가 아닌 식사 메뉴로 시작된 것이며 식빵에 대한 좋은 평가가 계기가 되어 디저트 메뉴로 따로 만든 것입니다. 이처럼 유행은 운영자의 노력에 대한 손님들의 반응을 통해 탄

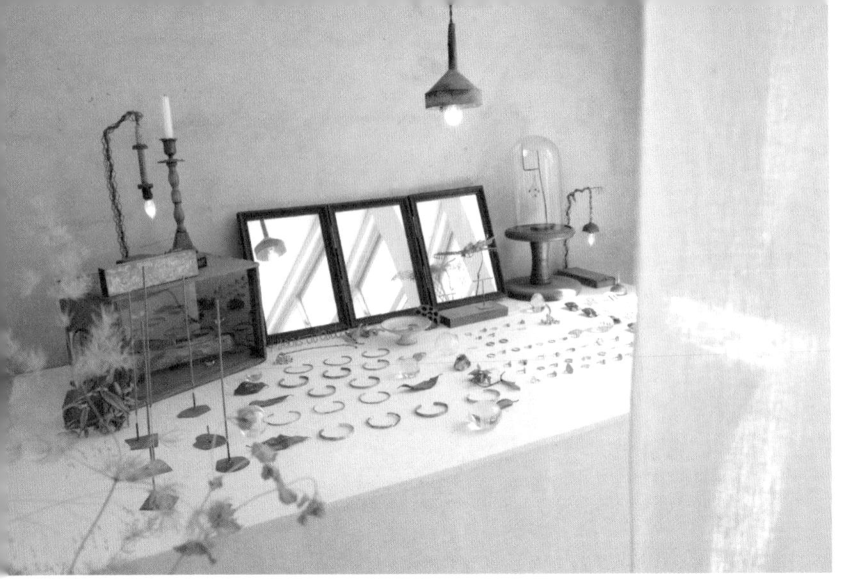

카운터 옆 공간에는 두 사람이 직접 만든 금속 공예품이 진열되어 있다.

생하며, 시간이 지나 더 나은 방향으로 다듬어지면서 자라나는 것입니다.

공간을 만들고 운영할 때는 '나의 공간을 어떤 사람들과 공유하고 싶은가'에 대한 물음에서 시작해야 합니다. 모든 사람을 만족시킬 수 있는 공간은 존재하지 않습니다. 그렇기 때문에 대중에게 널리 알려져 있는 모습보다는 나의 잣대가 우선시되는 모습을 고민해야 합니다. 즉 카페라는 장소는 운영자가 메뉴를 준비하고 손님에게 이를 건네는 것으로 그 목적을 다했다고 할 수도 있겠지만, 내가 손님이 되었을 때의 관점에서 그 공간의 좋은 모습을 발견하고 채워나가야 합니다. 운영자 스스로가 먼저 만족할 수 있는 공간이 되면 그 의미는 자연스레 손님들에게 전달되고 사람들 또한 점차 늘어나게 됩니다.

흔히 다수가 하는 일을 정답처럼 여길 때가 있습니다. 그렇기 때문에 그것에 편승하는 것이 안전한 방법이자 좋은 길이라 생각합니다. 하지만 이러한 생각은 자칫 공간의 색을 불분명하게 만들 뿐만 아니라 운영자가 지향하는 가치나 목적을 희석시킬 수 있습니다. 때로는 운영자가 중요하게 여기는 가치들이 낯설고 익숙하지 않은 모습으로 표현될 수 있지만 이는 한편으로 다른 공간과의 차별점이 됩니다. 특히 카페라는 업종은 운영자의 취향이 그대로 반영되는 공간이기에 이를 일치시키는 노력이 필요합니다. 결국 좋은 공간이라는 것은 다른 이들을 따라 하거나 누군가를 흉내 낸 곳이 아닌, 나만의 색채가 분명한 곳입니다. 이런 공간이야말로 시간이 지

두 사람이 직접 만든 공예품을 착용해 보는 손님들

나도 그 모습 자체로 사랑받을 수 있습니다.

일본 나고야 이치노미야에는 'SOSO' 라는 작은 공방이 있습니다. 처음 이곳을 알게 된 건 그곳에서 판매하는 커트러리 때문이었습니다. 작가는 나무, 철, 황동 등의 소재로 다양한 생활용품을 만드는데 그 모양과 소재가 우리의 취향과 잘 맞아 카페 네살차이에서도 그 제품들을 사용하면 좋겠다고 생각했습니다. 이에 작가에게 메일로 구매를 문의하게 되었습니다. 당시에는 얼마든지 온라인으로 구매할 수 있고 또 배송 받을 수 있으리라 생각했는데, 구매를 원할 경우 직접 공방으로 찾아오라는 예상 외의 답변을 받았습니다. 클릭 하나면 모든 걸 구할 수 있는 세상이라 처음에는 그의 이런 방식이 쉽게 이해가 되지 않았습니다.

우리 두 사람은 기꺼이 그의 공방을 방문하기로 결정했습니다. 다른 연락처는 모른 채 공지된 운영일에 맞춰 작가 이름과 메일 그리고 주소 하나만 가지고 공방을 찾아갔습니다. 당시 부산에서 나고야로 가는 직항 항공편이 없어 오사카에서 열차를 타고 이동해야 했고, 그곳에서도 열차로 30분 정도 더 들어가야만 했습니다. 그러나 번거로운 것도 잠시, 공방에 들어서는 순간 그 분위기에 매료되어 이곳만을 목적지로 삼았던 힘든 여정은 모두 잊고 '직접 오길 정말 잘했다!'라는 생각만이 남았습니다.

나고야의 'SOSO' 공방 내부

작가의 공방은 그의 할머니가 거주했던 고옥을 고쳐 만든 것으로, 지금은 가족들과 함께 거주하며 공방을 운영하고 있었습니다. 집 내부 곳곳에는 직접 만든 커트러리와 생활용품이 진열되어 있었으며, 거주하는 공간과 자연스럽게 이어지는 모습이 매우 인상적이었습니다. 잠시 들러 커트러리만을 구매하고자 했던 공간에서 우리는 작가와 몇 시간 동안 이야기를 나누었습니다. 그때의 대화는 지금까지도 우리 두 사람에게 많은 동기부여가 됩니다. 우리를 이곳까지 발걸음 하게 한 이유는 단순히 온라인 판매가 불가능하기 때문만은 아니었을 것입니다.

공방 곳곳에 진열된 커트러리를 구경하는 모습

고옥을 고쳐 만든 공방 외관

"제가 손수 만든 물건들은 그 모양과 표정이 하나하나 다릅니다. 그렇기 때문에 조금은 수고스럽더라도 직접 방문해 공간을 천천히 둘러보고, 자신의 취향에 맞는 물건을 직접 골랐으면 하는 마음입니다. 제품이 많이 팔리는 것보다 저의 작업 및 생활공간이 되기도 하는 이 공방에서 만든 이의 의도와 가치관을 오롯이 느껴보면 좋겠습니다. 그런 순간이야말로 작가와 구매자 모두 함께 즐거울 수 있는 일이라고 생각합니다."

서로 하고 있는 일은 다르지만 추구하는 생각과 관점은 너무나도 흡사했습니다. 그날의 방문이 인연이 되어 지금은 서로에게 좋은 친구이자 멘토가 되었습니다. 이처럼 취향은 나이, 성별, 직업, 국적에 상관없이 서로 교감할 수 있는 매개체가 됩니다.

할 수 있는 일,
잘할 수 있는 일

카페 운영의 기본 업무는 나이, 성별, 성격, 취향 등에 관계없이 정해진 매뉴얼을 습득한다면 누구나 무리 없이 할 수 있습니다. 하지만 누구나 할 수 있는 일이기에 그것만으로 자신의 공간을 표현하고 드러내는 데에는 한계가 있을 수밖에 없습니다. 또한 카페에 대한 관심이 점점 커짐에 따라 단순히 커피와 디저트를 즐기는 것만으로는 손님들의 기대를 충족시키기 어렵습니다. 그런 의미에서 그 공간에서만 경험할 수 있는 색다른 이야기는 사람들에게 매력을 더하는 요소가 되고, 내가 만들어 가는 브랜드에 확장성을 입히는 데 중요한 부분이 됩니다.

잘할 수 있는 일을 발견합니다

오늘날의 카페는 이전과 달리 많은 이야기를 담고 있습니다. 특히 카페라는 장소가 하나의 문화가 되면서 운영자는 자신이 가진 이야기를 공간 속에 표현하고 사람들과 교감하고자 합니다. 소비자들 또한 취향이 더욱 세분화되어 자신에게 맞는 공간을 찾는 것에 집중하며 그 시간들을 가치 있게 여깁니다.

운영자는 공간 운영을 위한 기본적인 일과 더불어 본인 스스로가 잘할 수 있는 일을 찾아야 합니다. '잘할 수 있는 일'이라는 것은 좋아하는 것에서 더 나아가 자신감과 하고자 하는 의욕이 뒷받침되

금속 공예 수업을 듣는 운영자의 모습

는 상태라고 할 수 있습니다. 즉 내가 풀어 놓고 싶은 이야기 보따리가 다양할수록 사람들은 그 공간을 궁금해하고 일부러 방문하는 이유가 되기도 합니다. 카페 네살차이에서는 잘할 수 있는 일들을 자연스럽게 발견해가며 하나씩 선보이고 있습니다. 이는 두 사람의 취향을 뚜렷하게 표현함으로써 카페 네살차이의 이야기에 그치지 않고 나아가 두 사람만의 새로운 이야기를 선보이는 것이기도 합니다. 그렇게 우리는 오래된 것에 대한 가치와 즐거움을 느끼면서 빈티지 가구점을 운영하게 되었고, 금속 액세서리와 도자기 만드는 법도 배우게 되었습니다.

다른 이야기를 들려줍니다

카페에는 여러 가지 가구들이 존재합니다. 기본적으로 손님이 이용하는 의자와 테이블, 진열장 그리고 쓰임새에 따른 다양한 가구들이 공간 곳곳에 놓여 있습니다. 때문에 공간 속 가구 스타일만 보더라도 운영자의 취향을 어느 정도 알 수 있습니다. 우리 두 사람 역시 카페 네살차이를 운영하면서 자연스럽게 가구에 대한 관심이 높아졌고 공간과 어울리는 가구들을 찾아 고민하다 보니 빈티지 가구의 매력에 빠져들게 되었습니다.

지금은 생산되지 않는 희소성을 갖고 있고, 오랜 시간 많은 사람의 손을 거치면서 생겨난 흔적들조차 각각의 스토리를 품고 있는 듯해

빈티지 가구점 201호실

금세 매료되었습니다. 이후 여유가 생길 때마다 취향에 꼭 맞는 가구들을 하나씩 수집했습니다. 여기에 그치지 않고 두 사람의 취향을 담은 빈티지 가구를 직접 소개하며 비슷한 결을 좋아하는 사람들과 즐거움을 공유하고 싶다는 막연한 꿈을 꾸게 되었습니다. 즐거움이 바탕이 되는 일이기에 수익성이나 불안함 등의 걱정보다는 하고 싶고 잘할 수 있다는 스스로의 확신이 앞섰기에 상상만으로도 마음이 든든했습니다.

이후 시간을 쪼개 발품을 팔며 빈티지 가구를 취급하는 업체들을 알아보았고, 직접 출장을 떠나 시장조사를 하기도 했습니다. 그 결과 카페를 오픈하고 3년 정도의 시간이 흐른 후 '201호실'이라는 빈티지 가구점을 운영하기에 이르렀습니다. 직접 고른 가구들을 카페 공간에도 배치하여 관심을 보이는 손님들과는 가구에 대한 정보를 공유하기도 했습니다. 이러한 노력은 공간을 운영하면서 자연스럽게 발견하게 된 취향에서 또 다른 이야기가 전개되는 것이며, 장기적으로 두 사람에게도 가치 있는 일이라 생각합니다.

결국 취향의 스펙트럼을 넓히고 이것이 하나의 공통분모를 만들어 낸다면 운영자는 단순히 카페를 운영하는 사람으로서만 국한되지 않는 다양한 이야기를 가진 사람이 됩니다. 다양한 경험과 시도를 통해 자연스럽게 스스로의 안목을 넓혀가며 좋아하는 방식으로 자기 브랜드를 다듬어 가는 과정이 필요합니다.

운영자의 가치를 담다

살아가면서 소중히 여기는 것, 혹은 다른 것보다 우선 순위에 두는 일을 '가치 있다'라고 표현할 수 있습니다. 이러한 가치는 나이, 직업, 생활환경 등 다양한 요소에 따라 변하기도 합니다. 어린 아이들은 좋아하는 장난감을 가치 있는 것으로 여길 수 있고, 학생은 학업이나 자신의 미래(직업이나 꿈 등)를, 성인이 되어 가정을 이루게 되면 가족을 가장 소중하게 생각하기도 합니다. 이처럼 가치라는 것은 현재 나의 삶에서 지키고자 하는 것이나 이루고자 하는 목표 등을 스스로에게 되뇌는 마음과도 같습니다.

직업은 생계를 유지하기 위해 자신의 적성과 능력에 따라 종사하는 일을 의미합니다. 그렇기 때문에 일을 한다는 것은 기본적으로 돈을 벌기 위함입니다. 물론 이런 생각들을 '좋다' 혹은 '나쁘다'로 구분할 수는 없습니다. 다만 하루 중 가장 많은 시간을 할애하는 자신의 일에 보다 큰 가치를 부여한다면, 반복되는 일상에서 의미가 생기고 그런 의미가 모여 인생의 지향점에도 영향을 미치게 됩니다.

체에 걸러진 취향은 가치의 씨앗이 됩니다

카페라는 공간을 만들기로 결정한 순간 운영자는 그 공간이 갖는 의미와 방향성을 분명하게 정해야 합니다. 회사에 입사해 조직의 구성원으로서 역할을 하는 것과는 완전히 다른 일상이 주어지기 때문입니다. 모든 일을 스스로 결정해야 하고 그 결과에 대한 책임 또한 운영자에게 있기 때문에 보다 능동적이고 적극적인 자세가 필요합니다.

하지만 자신만의 공간을 꿈꾸고 만들고자 하는 대부분의 사람들은 그 일을 단순히 돈을 벌기 위한 수단으로 생각하지는 않습니다. 오히려 자신이 하는 일들을 통해 보다 가치 있는 일상을 만들고 싶은 마음일 것입니다. 취향이 반영된 공간 속 자신의 모습일 수도 있고, 좋아하는 일을 했을 때 얻게 되는 성취감이나 보람일 수도 있습니다. 따라서 카페를 운영하기로 결정했다면 본인의 관심에 우선순위를 정하고 이를 구체적인 모습으로 그려 보는 것이 중요합니다. 평소 꿈꿔 온 카페의 모습은 어떠한지에 대해 이야기할 때면 여러 가지 예쁜 사진들을 예로 들며 '이것도 좋고, 저것도 좋은' 그래서 공통되지 않은 모호한 모습들을 나열하는 경우가 많습니다. 나만의 공간을 만드는 것은 이 같은 모호한 생각을 구체화하고 시각화하는 것입니다. 때문에 좋아하는 것들을 이것저것 담으려고 하다 보면 그 방향이 불분명해지고 공간의 모습 또한 부자연스러워질 수 있습니다.

공간을 만드는 첫 걸음은 평소 나의 취향들을 체에 걸러 그중 순도 높은 것을 고르는 것이며, 이를 공간에 담아내는 순간부터 운영자의 취향과 가치가 표현됩니다. 특히 이 시기는 막연히 꿈꾸던 이상을 현실에서 만들어 가는 과정이기에 모든 순간들이 그 어느 때보다 의미 있고 소중하게 느껴집니다. 우리 두 사람 또한 처음 공간을 만들고자 했을 때에는 다양한 이미지를 떠올렸습니다. 특히 함석, 유리, 황동(신주), 나무 등 여러 가지 재료를 떠올렸는데 좁히고 좁혀 그중 나무에 중점을 두게 되었습니다. 당시 가구 만드는 것을 배우고 있던 때라 이것이야말로 우리가 직접 만든 것들을 공간 속에 채울 수 있는 첫 번째 단계라고 생각했습니다. 이에 주방에 필요한 가구나 손님 테이블 등을 직접 만들게 되었고, 손님들이 공간에 들어섰을 때 따뜻한 느낌을 받았으면 좋겠다는 마음에 원목을 최대한 활용하고자 했습니다. 그 결과 현재 공간 속 오브제나 소품은 물론 손님에게 내는 트레이와 공간 속 창문이나 문도 같은 톤으로 통

나무를 사용해 만든 테이블과 소품들

일했습니다. 그렇게 나무로 채운 공간은 새하얀 공간인 카페 네살 차이에서 특유의 편안함과 따뜻함으로 자리 잡게 되었습니다.

이상과 현실의 간격을 좁혀갑니다

바라던 공간을 만든 것이 가치 실현의 시작이었다면, 이를 운영하는 것은 현실을 정면으로 마주하는 일입니다. 공간에서의 모습이 곧 운영자의 직업이 되고 일상이 되는 것입니다. 특히 카페는 운영자만의 사적인 공간이 아니라 손님들과 공유하는 공간이고, 이 조화들을 어떻게 만드느냐에 따라 운영자가 꿈꾸던 이상에 가까워질 수도 혹은 멀어질 수도 있습니다.

카페 운영을 단순하게 생각해 보면 음료와 디저트를 만들어 손님들에게 판매하는 일입니다. 물론 가게마다 판매하는 품목이나 중점을 두는 것에 차이는 있겠지만 큰 범위 내에서는 이를 통해 매출을 올리고 수익을 만드는 방식입니다. 운영자는 자신이 만들고자 하는 공간의 모습을 분명히 정의해야 합니다. 경험의 유무를 떠나 아무리 많은 준비를 해도 실제로 운영을 시작하는 순간 예상치 못한 서툶과 실수가 반복될 수밖에 없습니다. 손님 입장에서는 카페 운영이 단순하고 쉬워 보일 수 있지만 운영하는 입장에서는 지금까지 경험하지 못한 여러 가지 어려움이나 변수들을 만나게 됩니다. 그리고 이런 상황이 반복된다면 처음에 의기양양했던 자신감이나 의욕은 상실하고 자신이 지키고자 했던 공간의 모습이나 가치의 방향성도 잃어버릴 수 있습니다.

한때 일부 카페에서 노키즈존 이슈가 있었습니다. 우리는 노키즈존이 옳고 그름의 문제라기보다 운영자가 지향하는 공간의 모습에 따라 결정하는 부분이기에 어떤 선택이든 존중해야 한다고 생각했습니다. 이런 점에서 카페 내살차이는 아이와 함께 동반 가능한 공간입니다.

하지만 카페 네살차이도 잠깐 동안 노키즈존으로 운영되던 시기가 있었습니다. 손님들이 아이와 동반하면서 발생한 여러 가지 상황 때문으로 기억합니다. 공간 내에서 어린 아이들이 혼자 자유롭게 다니면서 유리로 된 진열장이 깨질 뻔한 상황이 여러 번 발생했습니다. 가구가 파손되는 것은 나중 문제이고, 유리 파편으로 인해 자칫 아이들이 다칠 수 있는 위험한 상황이었습니다. 이 같은 문제뿐만 아니라 다른 손님에게도 불편함을 줄 수 있다고 생각해 고민 끝에 노키즈존 운영을 결정했던 것입니다.

그러던 어느 날 스스로 '아차' 하는 순간이 있었습니다. 어린 아이를 동반한 가족이 방문했는데, 입구에서 노키즈존이라는 안내를 하자 오히려 손님이 죄송하다며 급하게 나가는 상황을 경험한 것입니다. 이때 우리의 섣부른 고정관념, 선입견으로 인해 '누구든지 우리의 공간에 머물며 편안한 시간을 보내면 좋겠다'라고 생각했던 바람이 퇴색된 듯한 느낌을 받았습니다. 중요한 부분을 간과한 채 앞선 걱정만을 하고 있던 것이죠. 이후 상황을 일부러 배제하고 제한하기보다는 운영자도, 손님도 서로 함께 배려하는 조화로울 수 있는 공간이 되고자 다시 예스 키즈존으로 운영하게 되었습니다. 대신 아이와 함께 동반할 경우 보호자에게 미리 공간 이용에 대한 주의사항을 충분히 설명하고 있으며, 현재는 사고 없이 누구나 편하게 이용하는 공간이 되었습니다.

이러한 이유로 운영자는 자신이 이루고자 하는 목표를 명확히 하고 스스로 제어할 수 없는 상황으로 인해 흔들리지 않도록 노력하는 의지가 필요합니다. 아무리 열심히 준비하고 신경 쓴다 하더라도 모든 것이 완벽할 수는 없기에 실수가 발생하는 것은 자연스러운 일입니다. 그러나 여러 시행착오를 통해 얻게 된 노하우로 이러한 운영의 실수와 변수를 점차 줄여 나가며 카페 운영자로서의 전문성을 가져야 합니다. 그것이 바탕이 될 때 운영자는 비로소 공간의 주체가 되어 손님을 응대하는 것에만 그치지 않고 전체를 컨트롤할 수 있게 됩니다. 이제 비로소 카페라는 공간은 현실적인 직업을 넘어 자신의 이상과 가치를 증명해 나가는 곳이 됩니다.

아이와 함께 공간을 이용하는 손님의 모습

작은 사회를 만듭니다

홀로서기를 결심한 순간부터 우리는 많은 선택의 순간을 마주하게 됩니다. 누군가 정해 놓은 길을 따라 가는 것이 아니라 오롯이 나의 결정으로 한 발 한 발 나아가야 하기 때문에 때로는 조심히, 때로는 과감히 그 발걸음을 옮겨야 합니다. 공간을 만드는 첫 걸음이 어디에서 어떤 모습으로 표현할지를 결정하는 것이라면, 두 번째 걸음은 그 속에서 누구와 어떻게 운영할지에 대한 고민과 구상이라고 할 수 있습니다.

같이 출근하고 같이 퇴근합니다

카페 네살차이가 탄생할 시점, 우리 두 사람은 막 사회의 한 조직에서 벗어나 홀로서기를 할 때였습니다. 미래는 불안했지만 같은 시간 안에서 함께 새로운 시작을 결심했기에 걱정보다는 기대감이 컸습니다. 이런 변화는 두 사람에게 크게 다가왔습니다. 누군가로부터 주어진 일을 정해진 방법에 따라 처리하는 것이 아니라 하나부터 열까지 모든 일을 머리를 맞대고 함께 결정하고 진행했습니다. 조금 더 쉬운 방법으로 조언을 구하고 도움을 받을 수도 있었지만 시간이 걸리고 부족함이 많을지라도 직접 부딪히며 배우고 싶었습니다. 이 또한 다시 할 수 없는 값진 경험이 될 것이라 굳게 믿었기 때문입니다. 그렇게 두 사람은 자연스럽게 같이 출근하고 같이 퇴근하게 되었습니다.

공간을 구상할 때는 그 의미와 목적을 분명히 해야 합니다. 특히나 그 분야에 대한 경험이나 전문성이 부족할 경우에는 운영자가 직접 해 나갈 수 있는 부분부터 차근차근 진행하는 것이 도움이 됩니다. 첫 다짐은 '누구에게 맡기기보다 우리 스스로 해보자'라는 것이었습니다. 이에 기본적인 커피에도 두 사람이 중요하게 여기는 방식들을 담고자 했습니다. 그래서 유명 업체의 원두나 개인적으로 좋아하는 로스터리 카페의 원두 등을 사용하기보다는 직접 원두를 로스팅하고 취향에 맞는 밸런스를 찾아 제공하고자 했습니다. 작은 로스터기를 들이고 평소 좋아하던 종류의 생두들을 구입해 배전을 다양하게 조절하며 테스트하는 시간을 가졌습니다. 시간이 걸리더라도 우리만의 방식으로 터득해 가는 과정이 있었기에 지금까지도 계절의 변화에 맞춰 로스팅을 하고 운영자의 취향이 오롯이 담긴 커피를 제공할 수 있게 되었습니다.

돌이켜보면 독창성을 추구하고 싶은 욕심에서 시작한 일이기도 합니다. 추상적인 것들을 현실로 바꾸면서 공간에 대한 애착이 커져갔고, 때문에 성공 여부를 떠나 하나 하나 모습을 갖춰 가는 과정이 더 중요하고 뿌듯했습니다. 오롯이 우리의 손을 거친 순도 높은 공간이 되었으면 하는 바람으로 공간의 인테리어부터 메뉴 구성, 운영 방법까지 누군가의 조언이나 도움을 받기보다는 두 사람의 고민을 녹여 내고자 했습니다. 다만, 현실적인 부분에 대한 고민도 있었습니다. 공간을 만드는 시작부터 모든 것은 비용으로 직결되기에 하고 싶은 일을 하며 살아간다는 것은 이상을 좇는 일과 같습니다. 하지만 현실의 문제를 이겨내지 못하면 이러한 이상도 결국 무너질 수밖에 없습니다. 결과가 보장되지 않는 선택에 확신은 있었지만 무모하지는 않았기에 비용을 공격적으로 투자하기보다는 선택과 집중을 통해 매월 고정으로 나가는 비용 외에 추가적인 지출을 만들지 않도록 더 부지런히 움직였습니다.

작은 주방과 홀 안팎으로 두 사람이 분주히 움직이고 테이블마다 손님들의 대화 소리로 공간이 가득 채워지는 모습에서 그동안의 과정과 노력들을 보상받는 기분이 들었습니다. 그렇기에 매일 퇴근이 늦어도 둘이서 같이 하고 싶은 일을 할 수 있는 현실에 감사할 수 있었습니다.

부부지만 같은 직장 동료입니다

두 사람은 연애 13년, 결혼 3년차인 부부이자 같은 직장 동료이기도 합니다. 지나 온 시간만큼 서로의 성향과 장점을 잘 알고 있기에 함께 일하는 것은 많은 도움이 됩니다. 하지만 부부로서 서로를 대하는 태도와 카페에서 동료로서 대하는 태도는 사뭇 다릅니다. 이는 일을 하는 동안만큼은 개인적인 생활습관이나 패턴들을 최소화하고 공적인 자세로 임하고자 하기 때문입니다.

우리 두 사람은 손님과 함께 공간을 공유하는 동안 서로 존댓말을 사용하며 목소리를 높여 부르거나 요청하지 않습니다. 바쁜 업무 시간에는 더욱이 서로 간의 의사소통과 호흡이 중요합니다. 맡은 일을 하면서도 도움이 필요한 부분이 있거나 미리 알려야 할 사항 등 동료로서 수시로 대화가 필요합니다. 이때 반말을 사용하지 않고 꼭 존댓말을 사용합니다. 부부인 두 사람이 운영하는 공간이지만, 서로 간의 존중과 이해를 통해 운영에 책임과 무게감을 갖고 있다는 사실이 손님들에게도 자연스레 드러난다고 생각하기 때문입

니다. 손님 앞에서 사적으로 휴대폰을 사용하는 모습, 군것질이나 식사하는 모습들을 보이지 않고자 하는 것도 이 같은 이유입니다. 즉 운영자가 부부라는 이유로 공적인 부분과 사적인 부분의 경계가 모호하게 되면 자칫 공간에 대한 진정성이 부족해 보일 수도 있습니다. 이런 모습들이 손님들에게 자연스레 노출되면 운영자의 의도가 그렇지 않다 하더라도 공간을 바라보는 시선이 가벼워질 수밖에 없습니다.

또한 두 사람은 늘 무채색의 옷을 입습니다. 부부인만큼 옷의 취향도 비슷합니다. 몸에 딱 맞는 옷보다는 품이 크고 조금은 느슨한 옷을 좋아합니다. 그래서 일부러 맞추지 않아도 늘 비슷한 색감이나 형태의 옷을 함께 입는 일이 다반사입니다. 특히 카페 네살차이라는 공간 속에서는 두 사람 모두 무채색 옷을 입습니다. 이는 운영자가 패턴이 많거나 화려한 색 옷으로 돋보이려 하기보다는 공간에 자연스럽게 어우러져 동화되는 것이 더욱 중요하다고 생각하기 때문입니다. 우리가 가진 취향과 지향하는 가치들이 이질적이거나 따로 구분되는 것이 아닌, 두 사람의 모습과 공간에서 자연스럽게 드러나고 이것이 손님들에게도 전해지길 바라고 있습니다.

또한 공간 속에서 하나의 일체감을 보이려 합니다. 사람도, 상품도 개별적으로 힘 주어 강조하지 않습니다. 오히려 통일성을 갖고 공간 속 각자의 위치에서 그 역할을 다하고자 노력합니다. 이는 상품 포장지에서도 확인할 수 있습니다. 공간 한편에 진열된 원두, 드립백, 버터 등에는 색조가 높은 포장지가 아닌 지금 네살차이의 색

무채색의 포장_직접 무늬를 찍어 만들기도 한다.

과 닮은 흰색 포장지가 둘러져 있고 그 위에 두 사람의 로고가 찍힌 회색 스티커만이 붙어 있습니다. 판매를 위한 상품이라면 눈에 잘 띄도록 포장하는 것이 일반적일 수 있지만 이 모습 또한 공간의 일부라 생각하기에 조화로움을 표현하는 것이 더 중요했습니다. 그렇다고 이 자체가 경쟁력이 없다고 생각하지는 않습니다. 메뉴에 곁들여 나오는 버터가 본인의 입맛에 맞거나 커피 맛이 본인 취향이라면 이는 자연스럽게 구매로 이어질 것이라 믿었기 때문입니다. 단순히 특정 메뉴나 상품을 판매하는 것이 목적이 되기보다는 공간을 판매한다는 생각으로 운영하고 있습니다.

이처럼 공간과 운영자의 모습, 판매하는 메뉴와 상품들은 따로 구분되는 것이 아니라 하나로 연결되어 있습니다. 처음 공간을 방문한 손님은 운영자를 마주하면서 그곳의 분위기와 취향을 가늠하게 됩니다. 카페 네살차이라는 공간의 단편적인 부분만 보더라도 그 속에 깃든 우리의 취향과 가치를 느꼈으면 하는 바람입니다.

공간 속 중재자가 되어야 합니다

자유와 피해의 경계선

사회는 다수가 함께 살아가는 곳입니다. 우리는 타인을 배려하는 법을 배우고 실천하며 성장합니다. 사회의 울타리 속에서 자연스럽게 크고 작은 규칙과 사회규범을 습득하고 이를 존중하며 지키는 마음들이 모일 때 사회는 보다 건강해집니다. 카페라는 공간도 하나의 작은 사회와 같습니다. 한 공간에서 다수가 같은 시간을 공유하게 되고 누구나 그 공간을 충분히 이용할 권리가 있습니다.

공간을 처음 오픈하게 되면 운영자는 방문하는 이들의 만족을 위해 가능한 모든 것을 그들에게 맞추려 노력할 것입니다. 그것이 최선의 서비스를 제공하는 것이라 여기기 때문입니다. 그런 이유로 손님들의 행동에 간섭하지 않는 경향이 있습니다. 카페 네살차이를 처음 오픈할 시기 우리 두 사람도 마찬가지였습니다. 카페를 찾아오는 것만으로도 감사하게 생각했기에 손님들의 자유로운 행동에 자제를 요청하기가 어려웠습니다. 이에 공간 운영자로서 이런 상황들을 어떻게 해결해 나가는 것이 좋을지에 대한 고민이 많았습니다.

공간을 운영하게 되면 다양한 부류의 손님을 마주하게 됩니다. 다른 이들의 불편한 시선에도 개의치 않고 사진을 찍는 사람들, 혹은 보호자 없이 아이 혼자 방치되어 돌아다니는 일이 빈번했습니다. 당시에는 이것이 그들이 당연히 누릴 수 있는 권리이자 자유이고, 거기에서 발생하는 일들에 대해서만 운영자가 감내하면 된다고 생각했습니다. 하지만 이는 우리의 짧은 생각이었습니다.

일부 손님들로 인해 다른 손님들이 자리를 이동하거나 떠났고, 또 혼자 다니는 아이로 인해 카페 내 기물들이 파손되는 일들도 발생했습니다. 이런 상황들을 겪으며 공간 속 운영자의 역할이 무엇보다 중요하다고 생각하게 되었습니다. 누군가 불편함을 느끼는 상황이라면 운영자는 적극적으로 문제를 정돈하고 수습해 나가야 합니다. 공간의 책임자로서 선을 넘는 소수의 자유로운 행동을 방관하는 것은 불편함을 겪고 있는 다른 이들을 방치하고 있는 것과 다름없기 때문입니다.

함께 있는 시간에 서로 배려하는 공간이길 바랍니다

사람과 사람 사이에 문제가 발생하면 객관적인 관점에서 해결할 수 있어야 합니다. 사람마다 생각하는 가치와 주장이 다르고 대립할수록 서로에게 피해와 상처를 줄 수 있기 때문입니다.

두 번째 공간에서의 일이었습니다. 첫 번째 공간은 단층이었기 때문에 한눈에 상황 파악이 되는 구조였습니다. 하지만 세 개의 층으로 나뉘면서 놓치는 부분들이 생겼습니다. 여느 때처럼 1층에서 메

뉴 준비를 하고 있는데 한 손님이 옆 테이블의 과도한 촬영 소음으로 인해 불편하다며 조심스레 이야기하는 것입니다. 손님이 그런 불편함을 느끼기 전에 우리가 먼저 신경 썼어야 하는 부분인데 그러지 못했던 것입니다. 죄송하다는 말씀을 전하고 테이블 정리에 필요한 용품을 챙겨 자연스럽게 문제가 발생한 층으로 올라갔습니다. 이 과정에서 중요하게 생각했던 부분은 공간의 중재자로서 손님 간의 오해가 생기지 않도록 하는 것이었습니다. 불편함을 내비친 손님이 또 다른 불편함을 느끼지 않도록 배려하는 것이 중요했고, 촬영하는 손님도 감정이 상하지 않도록 해야 했습니다. 이에 다

른 테이블을 정리하며 자연스럽게 시선을 돌려 자제 요청을 드렸습니다. 즉 '누군가에 의해서가 아니라 오롯이 운영자의 판단에 따라 이러한 말씀을 드린다'라는 상황이 되도록 신경 쓴 것입니다. 덕분에 손님도 충분히 이해해 주었고 모두가 즐겁게 공간에 머물 수 있었습니다.

카페에는 소수의 운영자와 다수의 손님이 함께 공존합니다. 한정된 공간인 만큼 다른 사람의 시간도 존중되어야 합니다. 운영자는 공간을 만들고 이를 운영하는 주체이며, 손님은 공간을 이용하는 객체라는 사실을 명심해야 합니다.

각자의 특기를 가진 멀티플레이어

공간을 구상하는 것부터 메뉴를 만들어 손님에게 전하는 일까지 카페에서 이루어지는 모든 업무는 온전히 운영자의 몫입니다. 개인 카페의 경우 운영자 혼자 일하거나 2~3명 정도의 소수 인원으로 운영하는 경우도 있습니다. 때문에 운영자는 카페에서 이루어지는 모든 과정들을 깊이 있게 이해하는 동시에 실질적인 주체로서 숙련된 자세를 지녀야 합니다. 단순히 공간을 만들고 관리하는 것만으로 운영자의 역할이 끝나는 것이 아니기 때문입니다. 때로는 집기를 설치하고 기계를 보수하는 기술자가, 때로는 메뉴 사진이나 예쁜 포스터를 만드는 포토그래퍼나 디자이너가 되기도 합니다. 물론 본인이 해낼 수 없는 일까지 무리해서 진행해야 하는 것은 아닙니다. 경우에 따라 전문가의 도움이 필요하겠지만 공간을 운영하다 보면 예상치 못한 변수로 인해 난감한 상황이 발생할 수 있습니다.

무더웠던 8월의 어느 여름 날이었습니다. 계절 특성상 따뜻한 음료 주문은 거의 없고 아이스 음료 주문이 주를 이루었습니다. 바쁜 와중 갑자기 제빙기의 작동이 멈췄고 더 이상 얼음을 만들어 내지 못하는 상황이 되었습니다. 예상치 못한 문제인 데다 주말이라 평소보다 손님도 많은 상태였습니다. 우선 주문받은 아이스 메뉴는 어찌저찌 완성할 수 있었지만, 이후 기다리는 손님들의 카페 이용이 가능할지 여부를 판단하기가 어려웠습니다. 급하게 제빙기 업체에 연락을 해 보았지만 당장의 방문은 어렵다는 답변을 받았습니다. 급한 마음에 전화상으로 일러주는 대로 손을 써 보았지만 소용이 없었습니다. 더운 날씨에 이곳까지 찾아온 손님들에게 이용이 어렵다는 통보를 하는 것 또한 받아들일 수 없었기에 다른 방법을 찾아야 했습니다. 우선 제빙기 문제는 잠시 뒤로 미루고 둘 중 한 명은 기존에 주문받은 메뉴를 제공하는 것과 더불어 다른 불편함이 야기되지 않도록 운영에 집중했고, 다른 한 명은 근처 가까운 편의점과 마트에 들러 얼음을 공수해 오는 데 집중했습니다. 이때의 곤란했던 상황은 약 1시간 만에 해결되었지만, 우리 두 사람에게는 꼬박 하루가 걸린 듯한 느낌이었습니다.

이 일을 계기로 카페 운영에 있어 언제든 예기치 않은 문제가 발생할 수 있다는 생각에 카페 내 다른 기기들도 신경 쓰게 되었습니다. 같은 상황을 반복하지 않기 위해 비상용 얼음을 구비해 두는 습관이 생겼고, 더불어 필요할 때 바로 배달 가능한 업체도 찾아 두게 되었습니다. 또한 간단히 해결할 수 있는 문제는 직접 처리할 수 있도록 배워 둔 덕분에 이후 비슷한 상황이 발생했을 때는 허둥대지 않고 잘 해결할 수 있었습니다.

카페 네살차이는 두 사람이 함께 운영하는 상황에서 처음부터 서로의 역할을 구분 지으려 하지 않았습니다. 어쩌면 각자 주로 담당할 업무들을 정하고 빠른 시간 내에 맡은 일들에 숙련되는 시간을 갖는 것이 효율적이지 않을까 생각할 수도 있습니다. 물론 이 또한 좋은 방법일 수 있지만, 하나의 사물을 바라보는 시각에는 차이가 있을 수 있기 때문에 우선은 카페 운영에 필요한 기본적인 업무들을 함께 익히고자 했습니다. 처음부터 함께 시행착오를 겪으며 경험해 온 과정이었기에 모든 고민과 결정을 동등하게 공유하되 그 과정에서 발생한 생각의 차이는 서로 교환하고 보완해 나가고자 했습니다. 이는 각자가 갖고 있는 자질이 서로 다르기 때문에 상대방의 눈에는 보이지 않는 특징이 더 크게 부각되기도 하고, 각자가 중요하게 여기는 요소에도 차이가 있기 때문입니다. 이러한 간극을 완만하게 조율해 나가면서 장점은 살리고 단점은 보완해 결과적으로 더 좋은 선택을 하게 됩니다.

고집이 센 사람, 예민한 사람, 자존감이 높은 사람

카페를 운영하고자 할 때 적합한 성격은 무엇인지 고민해 본 적이 있나요? 아마 대표적으로 떠올릴 수 있는 것은 성실함이나 친절함일 것입니다. 하지만 이는 카페 운영에만 적용되는 특성은 아닙니다. 오히려 다음과 같은 성격 유형이 카페 운영에 보다 잘 맞을 수도 있습니다.

첫 번째는 고집이 센 사람입니다. 고집이라는 것은 자신의 의견을 바꾸거나 고치지 않고 버티는 것을 말하기 때문에 부정적인 의미로 사용될 때가 많습니다. 하지만 한편으로 '고집이 세다'는 것은 자기 주관이 뚜렷해 쉽게 타협하지 않음을 의미하기도 합니다. 즉 카페를 운영하면서 다른 곳과 비교하기보다는 소신껏 본인이 하고 싶은 방향으로 도전해 볼 수 있고, 이러한 방향은 자신의 생각과 가치관으로부터 파생된 것이기에 쉽게 흔들리지 않습니다.

둘째, 예민한 사람입니다. 예민하다는 것은 어떤 상황을 느끼는 능력과 판단이 빠르고 뛰어난 것을 말합니다. 카페는 불특정 다수가 방문하고 이용하는 곳입니다. 따라서 여러 가지 상황과 예상치 못한 변수가 늘 존재합니다. 뿐만 아니라 메뉴를 만들 때도 일정한 품질이 유지되도록 지속적으로 신경 써야 합니다. 이처럼 운영자는 공간과 사람 그리고 메뉴 등 모든 면에서 늘 민감하게 반응해야 하고 문제가 발생했을 때 이를 빠르게 해결해야 합니다. 그런 점에서 예민한 성격을 가진 사람이 보다 안정적으로 공간을 운영할 수 있습니다.

셋째, 자존감이 높은 사람입니다. 자존감은 말 그대로 자신을 존중하고 사랑하는 마음입니다. 그런 마음을 갖고 있는 운영자는 자신이 만든 공간을 아끼고 그 안에서의 일도 소중하게 생각하기 마련입니다. 이런 유형의 사람들은 카페에서의 일을 단순한 직업으로 여기기보다는 자신을 공간에 투영시킴으로써 그 안에서 보내는 시간 또한 가치 있게 생각합니다. 자기 자신을 사랑하는 사람이 자신의 공간 또한 사랑할 수 있고, 그 마음이 우선할 때 환경에 흔들리지 않고 공간을 주체적으로 운영할 수 있는 힘이 생깁니다.

이처럼 카페 운영자로 적합한 성향들이 정해져 있을 것 같지만 오히려 생각지도 못한 의외의 성향이 카페 운영에 도움이 되기도 합니다. 기존의 틀에 나를 맞추려 애쓰기보다 자신이 가진 특성을 공간에 잘 접목시켜 이를 장점으로 발전시키는 것이 중요합니다.

예약제 시스템을 도입하다

공간을 예약한다는 것은 그곳을 방문하기 위해 운영자와 미리 약속하는 것과 같습니다. 먼저 방문하고자 하는 날짜와 시간을 정하고 예약이 가능한지 여부를 문의하면 운영자는 확인 후 예약 확인 정보를 전달하게 됩니다. 단순한 과정이지만 방문자는 공간을 이용할 수 있는 시간을 미리 확인할 수 있고, 운영자 또한 예약을 통해 그날의 상황에 미리 준비할 수 있다는 장점이 있습니다.

회전율이 낮은 공간

카페는 누구에게나 편하게 열려 있는 공간입니다. 사람들은 카페에 머무는 동안 자유롭고 여유로운 시간을 보냅니다. 이용 시간의 제한이 있는 것도 아니기 때문에 개인적인 일들을 하며 그 시간을 충분히 활용합니다. 저마다 시간 활용 목적이 다르기 때문에 카페에서의 자리까지도 세심하게 고려하는 경우가 많습니다. 예를 들어 노트북과 같은 전자제품을 활용할 예정이라면 콘센트가 가까운 자리를 원할 것이고, 공간 속에서 예쁜 사진을 찍고 싶은 사람은 채광이 잘 드는 자리를 선호할 것입니다. 이처럼 카페는 기본적으로 음료와 디저트를 즐길 수 있는 공간인 동시에 개인의 시간을 활용하기 위한 공간이기도 합니다.

운영자 입장에서 회전율이 낮다는 것은 좋은 의미가 아닙니다. 회전율이 낮을수록 같은 시간 대비 매출은 적어지기 때문입니다. 공간을 꾸준히 운영하기 위해서는 이런 부분들에 대한 고민과 대처가 필요합니다. 여러 가지 대비책 중 하나는 손님들을 최대한 수용할 수 있도록 하는 것입니다. 약간의 차이는 있겠지만 손님들이 카페에 방문하는 시간대는 주로 비슷하기 때문에 매장에 자리가 없어 발걸음을 돌리는 상황을 줄여야 합니다. 하지만 이때 성급한 욕심에 최대한 많은 테이블을 활용하고자 하는 데에만 집중해서는 안 됩니다. 여기서 가장 중요하게 고민해야 할 것은 바로 안정적이고 일관된 서비스입니다.

오픈 시간에 맞춰 줄을 섭니다

거리를 다니다 보면 종종 가게 앞에 사람들이 길게 줄지어 서 있는 모습을 볼 때가 있습니다. 그런 곳들을 흔히 맛집이라고 부릅니다. 최근에는 맛집이라는 단어가 꼭 음식뿐만 아니라 분위기 맛집, 햇살 맛집 등 좋은 의미를 표현할 때 사용되기도 합니다. 기다림은 힘들지만 그 시간을 아까워하지 않는 것은 그곳만의 매력이 있기 때문일 것입니다. 그리고 이 기다림의 시간을 조금이라도 줄이고자 일부러 오픈 시간에 맞춰 방문하는 사람들도 있습니다. 좋아하는 공간에서 자신의 시간을 온전히 즐기고 싶은 마음에 다른 이들보다 일찍 집을 나서고 가게 문이 열릴 때까지 기다립니다. 하지만 오픈 시간에 맞춰 방문한다고 해서 무조건 원하는 자리를 확보할 수 있는 것은 아닙니다. 일찍 방문했음에도 기다려야만 하는 경우도 있습니다. 특히 카페의 경우는 이용 시간에 제한이 없기 때문에 부지런히 찾아왔음에도 불구하고 그 시간에 입장하지 못하면 또다시 기다려야 하는 불편함이 발생하는 것입니다.

카페 네살차이의 첫 번째 공간에서도 오픈 시간에 맞춰 방문하는 사람들이 많았습니다. 문을 열기 전부터 출입문 앞으로 긴 줄이 형성되고 공간 안에서 오픈 준비를 하는 우리는 그 모습이 감사하면서도 한편으로는 초조한 마음이 들기도 했습니다. 주변 상권이 발달하지 않은 곳에 위치해 있었기에 기다리는 이들 모두가 카페 방문을 위해 일부러 찾아온 사람들이었습니다. 게다가 일찍 왔음에도 자리가 없어 바로 안내받지 못한 손님들은 더 오랜 기다림을 해야만 했습니다. 기다리는 이들이 "시간이 얼마나 걸릴까요?"라고 물어보면 운영자로서도 예측할 수 없는 부분이라 도움되는 답변을 하지 못해 죄송하기만 했습니다.

오픈 시간에만 예약을 받습니다

카페 네살차이가 두 번째 공간으로의 이전을 준비하는 동안 우리는 카페 운영에 있어 부족하다고 느꼈던 부분들을 보완하는 일에 집중했습니다. 그중 하나가 바로 오픈 시간대의 운영 방식이었고, 기다리는 이들의 불편함을 최소화하기 위해 여러 고민 끝에 오픈 시간에만 예약을 받기로 했습니다. 손님들이 일부러 일찍부터 서두르지 않아도 편안하게 방문할 수 있도록 하기 위함이었습니다. 미리 예약을 받고 운영하게 되면 방문 전 손님이 느낄 수 있는 불확실성에 대한 불안함이 해소되고, 예약을 통해 자리를 확보한 경우 굳이 이른 시간에 방문해 시간을 허비하지 않아도 되기 때문입니다.

오픈 시간대에만 예약을 받는 또 다른 이유는 일관된 서비스를 제공하기 위함이었습니다. 손님들마다 카페 이용 시간을 알 수 없기 때문에 예약한 시간에 맞춰 자리를 확보할 수 없는 문제가 생길 수 있고, 이를 유지하기 위해 다른 손님들의 이용 시간에 제한을 두어야 하는 상황이 있을 수도 있습니다. 하지만 손님들의 불편함을 줄이고자 선택한 방법으로 인해 손님의 이용 시간 자체에 제한을 두게 되는 것은 오히려 주객이 전도되는 것처럼 느껴졌습니다. 그래서 카페 네살차이는 불편함을 최소화하는 방법으로 공간 운영 시간 전체가 아닌 오픈 시간대에만 예약을 받고자 했습니다. 전체가 공석인 오픈 시간대에 운영자가 컨트롤 가능한 상태에서 손님들의 예약을 받게 되면 자리가 부족할 일도 없고 손님들의 이용 시간도 제약없이 존중할 수 있기 때문입니다.

12시, 1시로 나누어 각각 다섯 팀씩 예약을 받습니다

카페 네살차이는 현재 총 10개의 테이블을 두어 운영하고 있으며 오픈 시간대인 12시에 다섯 팀 그리고 1시에 다섯 팀으로 시간과

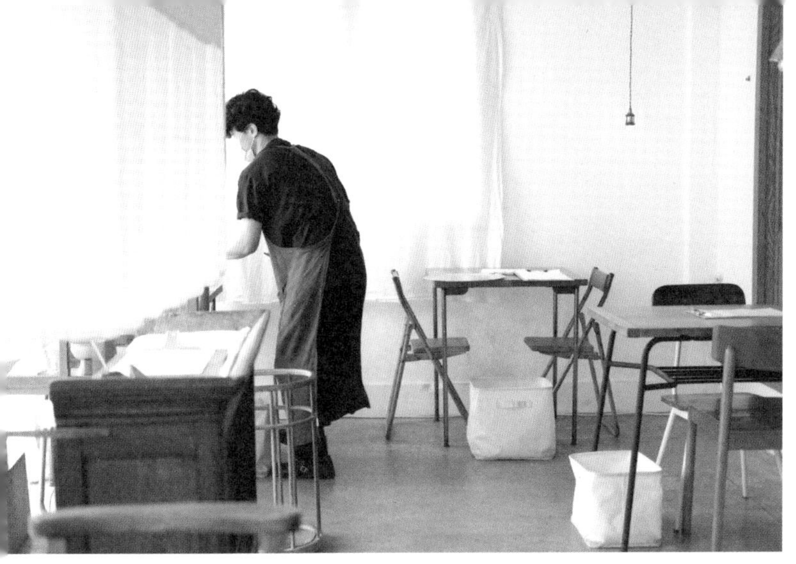

인원을 각각 나누어 예약을 받고 있습니다. 손님 입장에서는 예약을 받는 카페도 생소한데 복잡하게 왜 시간까지 나누는지 의문이 생길 수도 있습니다. 카페 네살차이의 경우 손님 한 팀의 메뉴를 준비해 내기까지 대략 10분 정도가 소요됩니다. 예약 시스템이 없던 첫 번째 공간에서는 오픈 시간에 맞춰 방문한 손님들로 만석이 될 경우, 마지막 주문 메뉴를 전달하기까지 시간이 꽤 오래 걸린다는 것을 알게 되었습니다. 이 시간을 최대한 단축하기 위해 밑작업을 충분히 하고 서두르더라도 필수적으로 소요되는 시간은 어쩔 수가 없었습니다 그러다 보니 운영자의 몸과 마음은 바빠질 수밖에 없고 오픈 시간에 집중된 일들로 인해 금방 지치게 되었습니다.

두 번째 공간에서는 일부러 시간과 인원을 나누어 예약을 받기로

했습니다. 오픈 시간대에 수용 가능한 테이블 수만큼 모든 손님을 동시에 안내하지 않았습니다. 운영자의 입장에서는 예약한 손님이 시간대별로 나누어 방문하기 때문에 안내는 물론 준비하는 시간과 마음에 여유가 생기게 됩니다. 이를 통해 오픈 시간의 혼잡을 최소화할 수 있고 운영자가 추구하고자 하는 공간의 분위기와 가치를 손님들에게 차분히 전할 수 있게 됩니다.

이렇게 12시 손님의 메뉴 준비가 끝나고 잠시 정리를 하고 나면 다시 1시 예약 손님을 새롭게 맞을 수 있습니다. 얼핏 생각하기에 이런 시스템이 복잡하고 불편한 운영 방식으로 느껴질 수 있지만 찬찬히 들여다보면 손님과 운영자 모두를 위한 최적의 방법이라고 생각합니다. 운영자는 시간에 쫓기지 않고 각각의 손님에게 집중할 수 있고, 이는 손님이 공간 속에서 경험할 수 있는 부분들에도 영향을 끼치게 됩니다. 보다 짧은 시간 동안 많은 손님을 안내함으로써 수익의 가치를 우선시할 수도 있겠지만, 이런 운영 방식 하나에도 운영자가 중요하게 여기는 생각과 의도를 반영할 수 있는 것입니다.

물론 흔한 운영 방법이 아니기 때문에 이 같은 예약 시스템을 미리 알지 못하고 방문하는 이들도 있습니다. 특히 오픈 시간에 방문했을 때에는 손님들이 오해하지 않도록 예약 운영에 관한 설명을 드

예약 손님들을 위해 자리마다 놓은 메뉴판

리고 그날의 예약 상황에 따라 이용 안내를 전하고 있으며, 운영자의 SNS 계정을 통해 손님들에게 오픈 시간 예약 시스템에 대해 지속적으로 알리고 있습니다.

운영자는 공간을 만들고 운영하는 주체입니다. 그렇기 때문에 본인의 운영 시스템에 대해 깊이 이해하고 있어야 하며, 여러 가지 규칙을 알릴 때에도 그 이유가 명확해야 합니다. 방문하는 이들은 자신이 방문하는 단편적인 시간만 생각하고 행동할 수 있지만, 온종일 많은 사람들이 오고 가는 공간을 매끄럽게 운영하기 위해서는 운영자만의 노하우가 필요합니다. 이때 조금의 불편함이 따를지라도 본인만의 운영 방식에 대해 명확하게 설명할 수 있어야 합니다.

예약은 운영자와 손님의 약속입니다. 예약이라는 방식을 통해 운영자는 손님과 먼저 교감하며 추후 방문시 공간 이용이 보장되는 편의성을 제공할 수 있습니다. 단순히 운영의 효율성을 높이기 위한 방법이라기보다는 서로의 입장에서 공간을 가장 편안한 상태로 공유할 수 있도록 하기 위한 노력인 것입니다. 따라서 예약 자체를 하나의 도구로 여기기보다 '공간에 대한 서로의 관심이 담긴 약속'이라 생각하고 이를 지키기 위한 배려와 존중이 필요합니다.

오늘도
혼자만의 센서를 켭니다

사람 사이의 관계는 만남에서 주고받는 표현과 태도 등을 통해 달라집니다. 말투나 표정 등이 상대방의 이미지를 결정하는데 많은 영향을 끼치며 그것을 바탕으로 인상이 결정됩니다. 의사소통은 생각이나 감정 등을 교환하는 총체적인 행위입니다. 대화나 글귀를 통해 서로의 의견을 주고받을 수 있으며, 자세나 표정 등 비언어적인 영역을 통해서도 교류할 수 있습니다. 이러한 행위들은 일방이 아니라 상호적으로 잘 어우러질 때 원활한 의사소통으로 발전할 수 있으며, 이를 통해 우리는 상대방을 존중하고 좋은 감정으로 기억하게 됩니다.

잠깐 설명드릴게요

카페 네살차이를 방문하는 손님들에게 우선 "잠깐 설명드릴게요." 라는 말을 전합니다. 처음 방문하는 손님은 '어? 무슨일이지?'라는 표정이지만, 우리 두 사람은 주문 전 먼저 카페 이용 방법에 대해 상세하게 설명합니다. 잠깐 동안의 안내이지만 이를 듣고는 웃음을 지으며 이해했다는 표정을 내보입니다.

공간 운영자는 공간이 가진 특성이나 운영자의 가치관에 따라 보편적인 방식과는 조금 다른 형태로 운영할 수 있습니다. 조금 낯선 모습이라 해서 그것이 잘못 되었다거나 비효율적인 방법은 아닙니다. 여기서 중요한 점은 공간을 운영하는 이와 방문하는 이의 입장

네살차이의 메뉴판

차이는 충분한 의사소통을 통해 좁혀 나갈 수 있다는 것입니다. 운영자는 자신이 원하는 공간의 모습을 만들기 위해 여러 가지 구상과 고민을 하게 되지만, 이 생각들이 손님에게 오해 없이 잘 전해지지 않으면 그 선택들은 무의미해질 수 있습니다. 따라서 방문하는 이들에게 충분한 설명을 함으로써 운영자가 지향하는 공간에 대한 구체성을 전달해야 하며, 이에 대한 이해를 구해야 합니다. 이 과정에서 전해지는 말투나 표정, 언어 등으로 운영자에 대한 감정이 형성되고 그 감정들은 공간을 대하는 태도로까지 확대됩니다. 따라서 "잠깐 설명드릴게요."라는 대화를 통해 각자의 입장에서 생각의 차이를 줄여 나갈 수 있고, 이를 통해 운영자만의 특별한 운영 방식이나 요청사항 등을 충분히 공감하고 배려할 수 있게 됩니다.

일관된 모습이 필요합니다

친절함은 손님의 입장을 생각하는 모습이나 배려하는 행동에서 표현됩니다. 하지만 친절이라는 단어 안에 운영자의 주관이 포함되지 않으면 자칫 그 의미가 퇴색될 수 있습니다. 방문하는 손님마다 운영자의 행동에서 느끼는 감정은 각각 다릅니다. 같은 행동이라도 누군가에게는 친절한 모습이 될 수 있지만 누군가에게는 불편함이 될 수 있기 때문입니다. 따라서 운영자는 자신이 지향하는 가치나 기준 안에서 한결 같은 모습을 보여 주는 것이 필요합니다.

카페 네살차이의 첫 번째 공간으로 기억합니다. 당시에는 예약 시스템이 시행되지 않았기 때문에 오픈 시간 전부터 문 앞에 손님들이 줄을 서 있었습니다. 그날따라 비가 많이 내렸고 따로 비를 피할 공간이 있는 것도 아니어서 손님들은 우산을 들고 문이 열릴 때까지 기다려야만 하는 상황이었습니다. 궂은 날씨에도 찾아와서 기다리는 모습이 감사하고 또 한편으로는 죄송한 마음에 정해진 오픈 시간보다 조금 일찍 문을 열어 기다리던 손님들을 안으로 들어올 수 있도록 했습니다. 조금이라도 불편함을 덜어 드리고자 했던 행동인데, 이것이 다른 손님에게 오해를 사는 행동이 되었습니다. 오픈 시간에 맞춰 문을 여는 줄 알고 일부러 다른 곳에 있다가 시간에 맞춰 왔는데 문을 일찍 열어 자리가 없다는 것이었습니다. 이런 전후 사정을 알지 못했기에 당황했지만 그 손님 입장에서는 기분 나쁠 수도 있겠다는 생각이 들었습니다.

운영을 하다 보면 여러 가지 돌발 상황이나 변수들이 생기고 그에 따른 선택을 하게 됩니다. 이때 좋은 의도를 가진 행동들은 대부분 원래의 목적대로 전해집니다. 하지만 상황에 따라 유동적인 운영자의 기준과 운영 방식은 다른 누군가의 오해를 살 수 있고, 이는 곧 불편함을 부르기도 합니다. 따라서 미리 안내하거나 공지하지 않은 사항에 대해서는 예외를 두기보다 정해 놓은 기준과 방법에 맞게 늘 일관된 모습으로 응대해야 합니다.

손님들이 필요로 하는 요구는 다양하며 운영자는 친절함이라는 이름하에 가능한 긍정적으로 응대하려 노력합니다. 하지만 이는 자칫 운영자가 자신의 공간에서 보여주고자 하는 본래의 의도를 왜곡할 수 있습니다. 따라서 운영자는 카페 운영에 있어 일관된 모습을 유지함으로써 운영에 대한 기준과 본인의 가치관을 분명히 드러내야 할 필요가 있습니다.

앞서 오픈 시간을 일관되게 지키는 것 외에도 카페 네살차이에서는 공간 내 테이블의 위치를 임의로 옮기는 것을 제한하고 있습니다. 카페에는 여러 종류의 테이블이 마련되어 있습니다. 하지만 때로는 개인 취향에 맞게 기존 테이블의 위치를 변경하거나 작은 테이블을 붙여 여유 있게 이용하기를 원하는 손님도 있습니다. '잠깐 옮긴다고 해서 큰 문제가 생기는 것도 아닌데 괜찮지 않을까?'라고 여길 수 있겠지만 이러한 상황들로 인해 운영자가 의도한 공간 속 질서가 깨질 수 있습니다. 단순해 보이는 테이블 간격과 배치에도 불편함 없이 편안한 시간을 보낼 수 있도록 손님을 배려한 운영자의 고심이 담겨 있는 것입니다.

손님들의 작은 행동에 관심을 가집니다

카페 손님들은 다양한 모습으로 각자의 시간을 보냅니다. 혼자 책을 읽거나 노트북으로 작업을 하기도 하고, 이야기를 나누며 시간을 보내기도 합니다. 한정된 공간에 많은 사람들이 오고 가는 곳이기에 운영자는 그 시간 동안 공간 속 상황들을 유심히 지켜보며 손님들의 행동에 관심을 가져야 합니다. 손님의 작은 행동들은 운영자를 위한 무언의 메시지 역할을 합니다.

주문한 메뉴를 준비해 내는 것으로 운영자의 역할이 끝나는 것이 아니라, 계속해서 공간 속 상황들을 살피고 부족한 부분들을 채워 나가야 합니다. 그런 모습들이 공간 속에서 자연스럽게 비춰질 때 손님들은 보다 편안한 마음으로 머물 수 있게 됩니다. 예를 들어 여름에서 가을로 넘어가는 시점에는 덥기도 하고 서늘하기도 합니다. 애매한 온도지만 조금이나마 더 쾌적한 환경을 위해 에어컨을 가동할 때가 많습니다. 하지만 저마다 느끼는 온도가 다를 수 있기에 손님이 따뜻한 음료를 주문하거나 겉옷을 걸친다면 공간이 서늘하게 느껴질 수 있음을 파악하고 에어컨 온도를 올리거나 작동을 잠시 멈출 필요가 있습니다.

손님들의 요구는 공간 속에서 다양한 모습으로 표현됩니다. 직접적인 말로 전달될 수도 있고 무의식적인 행동에서도 드러납니다. 언제든 움직임에 반응하여 어둠을 밝히는 센서처럼, 운영자는 손

단순해 보이는 테이블 배치에도 손님을 배려한 운영자의 고심이 담겨 있다.

소금이 살짝 뿌려진 갸또쇼콜라

님들의 작은 행동이나 이야기에도 귀 기울일 수 있는 애정의 센서를 켜 두어야 합니다. 일부러 요청하지 않아도 손님의 입장에서 먼저 파악하고 필요한 것들을 자연스럽게 채워갈 때 그 모습이 마음에 남아 좋은 인상을 만듭니다. 공간은 사람과 사람이 마주하는 접점을 만들어 내는 물리적인 장소입니다. 운영자와 손님 각자가 맡은 역할은 다르지만 함께 머물며 시간을 공유하는 동안 서로의 호흡을 맞춰갈 때, 우리는 비로소 공간에 대한 안정감을 느낄 수 있습니다.

운영자의 세심한 배려가 또 다른 이야기가 될 때도 있습니다. 어느 무더운 여름, 여행지에서 한 카페를 방문했을 때의 일입니다. 테이블 3~4개 정도의 작은 공간이었습니다. 당시 두 사람 모두 땀을 많이 흘렸고 매우 지친 상태였습니다. 시원한 커피와 달콤한 디저트가 간절했지만 아쉽게도 디저트는 모두 소진된 상황이었습니다. 할 수 없이 음료만 주문한 후 자리에 앉아 대화를 나눌 여력도 없이 쉬고 있었는데, 이런 모습이 안쓰러워 보였는지 사장님은 판매하는 제품은 아니지만 맛보라며 소금이 살짝 뿌려진 작은 브라우니를 내어 주었습니다. 달콤하면서도 짭짤한 맛의 브라우니는 너무나도 맛있었고 바닥난 에너지가 금세 차오르는 느낌이 들었습니다. 무엇보다 지친 우리의 모습을 본 사장님의 작은 배려에 감동을 받았습니다. 그 기억은 여행 후에도 계속 남아 카페 네살차이의 디저트 갸또쇼콜라에도 소금을 살짝 뿌려 제공하게 되었습니다.

아침식사하러 오세요

여행을 가게 되면 평소보다 더 부지런해집니다. 가봐야 할 곳도 많고 먹어야 할 것도 많으니 촘촘하게 일정을 계획하게 되고 이른 시간부터 분주하게 움직이는 경우가 많습니다. 두 사람도 여행을 할 때면 그런 이유 때문에 주로 숙소 근처에서 아침식사를 해결할 수 있는 곳을 찾습니다.

부산은 대표적인 여행 도시로 카페 네살차이를 방문하는 손님들 중에서도 여행객들의 비중이 높은 편입니다. 어느 날 문득 여행객을 맞이하다가 지난 여행 중 먹었던 즐거운 아침식사 기억을 떠올리게 되었습니다. 이에 카페 네살차이를 방문하는 손님들도 아침식사의 추억을 함께 경험하면 좋겠다는 생각이 들었습니다. 그래

아침식사로 준비한 메뉴. 주먹밥과 간단한 찬, 따뜻한 국으로 구성했다.

서 평소와 다르게 커피와 디저트가 아닌 주먹밥을 만들고 따뜻한 국과 간단한 찬을 마련해 아침 일찍 문을 열게 되었습니다. 혹시나 했지만 다행히 많은 손님이 찾아 주어 색다른 즐거움을 얻을 수 있었습니다. 우리는 대부분 결과의 좋고 나쁨으로 그 과정을 평가하게 되지만, 때로는 결과의 성공 여부를 떠나 그 취지와 과정에서 얻게 되는 보람이 더 의미 있음을 늘 기억하고 있어야 합니다.

주인이 없는, 무인카페

카페 네살차이를 운영하는 동안 건강상의 이유로 몇 주 동안 운

자율적으로 요금을 계산하도록 하였다.

영이 어려운 시기가 있었습니다. 정상적인 영업이 어려웠기 때문에 공간을 방치할 수밖에 없었습니다. 부득이한 상황이라 여러 가지 어려움은 있었지만 방치되어 있는 공간을 활용할 수 있는 방법은 없을까 고민해 보게 되었습니다. '주인이 없는 곳에 손님이 온다면?'이라는 생각 자체가 생소하게 들릴 수 있겠지만 한편으로는 운영자와 손님 모두에게 특별한 경험이 될 수 있겠다고 생각했습니다. 음료 및 디저트를 직접 서빙할 수는 없지만 공간을 열어 둠으로써 손님들이 자율적으로 이용할 수 있게 하여 공간에 활력을 주었으면 하는 바람이었습니다.

그리하여 큰 보온병에 따뜻한 커피를 담고 파운드케이크와 갸또쇼콜라 등 기본적인 디저트를 포장해 미리 진열한 후 자율적으로 요금을 계산하는 무인카페를 열었습니다. 물론 그날만큼은 외부음식을 들여와 먹거나 아무것도 구매하지 않은 채 누구나 편히 들러 시간을 보내다 가는 것만으로도 충분히 만족스럽고 감사했습니다. 잠시 시간이 멈춰 있던 우리의 공간에 무인카페라는 그날의 특별한 운영 방식을 즐겁게 이해하고 배려하는 손님들의 마음이 느껴졌기 때문입니다. 이때의 경험 이후 특별히 카페 문을 열지 못하는 상황이 아니더라도, 종종 휴무일을 활용해 무인카페로 공간을 열고 있습니다. 이처럼 의도치 않게 어려운 상황에 직면하더라도 생각의 전환은 공간에 새로움을 더해 줍니다.

주(酒)간 네살차이: 술이 있는 일주일

여름 매실철이 되면 매실청을 만들어 매실주를 담급니다. 막상 담고 나면 잘 마시지는 않지만 만들어 두고 숙성되는 과정을 지켜보는 것이 재밌어서 근 3년간 꾸준히 만들고 있습니다. 자리 한편을 차지한 매실주 유리병을 바라보다가 무언가 떠올랐습니다. 덥기만 한 요즘, 기분 전환겸 손님들과 함께 나누면 좋겠다는 생각으로 일주일 동안 무료 음료를 준비하게 되었습니다. 그렇게 만들어진 주(酒)간 네살차이. 순수한 마음으로 그동안 카페 네살차이를 애정해 준 손님들에게 감사함과 즐거움을 전하고자 준비한 메뉴이기에 무료로 제공하고자 했습니다. 따로 메뉴판에 안내해 두지 않고 SNS 계정의 공지 글을 통해 관심 있는 사람들에 한해서만 주문이 가능하도록 했습니다. 마치 '아는 사람만 아는' 비밀 이벤트가 진행되었고, 수줍게 주문하는 손님들을 보며 '우리 공간을 정말 애정하는구나' 라는 생각에 기뻤습니다.

그렇게 깜짝 선물로 매실주와 잘 어울리는 안주도 함께 준비했습니다. 술과 안주를 테이블에 내어 줄 때 손님들의 기쁜 표정과 함께 전해듣는 말은 늘 새로운 상상과 시도를 하고자 하는 우리에게 다른 무엇과도 바꿀 수 없는 원동력이 됩니다.

근 3년간 꾸준히 만들고 있는 매실청

매실주(좌)와 자두주(우)

PART 3

여행지에서의 아침을 팝니다

“

식빵세트를 찾는 또 다른 이유는 카페 네살차이라는 공간에서 순간을 즐기기 위함입니다. 김이 모락모락 피어오르는 찜기를 열면 따끈한 식빵이 나오고, 빵을 호호 불어가며 먹는 모습은 오롯이 카페 네살차이라는 공간에서만 가능한 것입니다. 즉 식빵세트는 단순히 새로운 메뉴가 아닌 손님들이 즐기는 모습까지 더해진 특별한 메뉴로, 손님 스스로가 그 장면의 주인공이 됩니다.

”

내가 할 수 있는 일을 합니다

커피에 대한 소비자들의 수요가 급증하고 그 경쟁이 치열해지면서 카페는 점점 기업화된 모습으로 변하고 있습니다. 이에 프랜차이즈 카페는 물론 주변 곳곳에 대형 카페들이 새롭게 생기고 있습니다. 큰 자본력을 바탕으로 한 이러한 카페들은 화려한 경관과 건축으로 사람들의 시선과 관심을 사로잡기에 충분합니다. 더하여 메뉴 개발, 생산, 판매, 운영 등 카페 전반적인 업무에서도 분야별로 인력을 배치하여 보다 전문적이고 분업화된 방식으로 운영하고 있습니다. 이러한 카페 시장의 흐름은 사람들에게 다양한 형태의 즐길 거리와 문화생활을 가능하게 한다는 점에서 큰 의미가 있습니다.

소비자는 자신에게 가장 큰 영향을 주는 가치를 고려하여 선택하는 경향이 있습니다. 특히 같은 비용을 지불해야 하는 상황일 때에는 더욱 그럴 수밖에 없고 이를 현명한 소비라고 생각합니다. 음료나 디저트 구입 비용이 같거나 또는 비슷할 경우 손님 입장에서는 다채로운 메뉴들이 준비되어 있거나 아름다운 풍경을 바라보며 색다른 경험을 할 수 있는 곳을 선택하기 마련입니다. 같은 조건이라면 본인 기준에서 보다 나은 서비스를 제공받는 것이 소비자로서는 더 가치 있는 일이라 여기기 때문입니다. 이처럼 쉽게 접할 수 있는 카페의 모습과 규모들이 커지면서 사람들이 카페에 대해 갖는 기대감이나 기준 또한 점점 높아지고 있습니다.

이러한 상황에서 공간이 경쟁력을 갖추기 위한 쉽고 효과적인 방법은 그보다 더 큰 비용을 투자해 사람들의 관심을 끄는 것일 수 있습니다. 하지만 카페 창업에 막대한 자본을 투자하는 것은 현실적으로 어렵습니다. 더욱이 2~30대 사회 초년생 창업자의 경우에는 경제적인 여유를 갖고 시작하는 것 자체가 쉽지 않은 일입니다.

하지만 카페의 경쟁은 규모만으로 좌우되지 않습니다. 이는 창업 시 고려해야 할 여러 상황 중에서 무게를 두는 가치 중 하나일 뿐입니다. 때문에 수많은 카페와의 경쟁에서 나의 공간이 선택받기 위해서는 고유한 가치를 만들어야 합니다. 단순히 타 공간과 비교하며 따라 가려고만 한다면 물리적으로도 현실적으로도 앞서 나가기 어렵습니다.

따라서 운영자는 자신이 할 수 있는 일을 해야 합니다. 이는 그저 평범한 공간과 메뉴를 만들어도 괜찮다는 의미가 아닌, 상상력을 발휘해 자신만의 취향이 담긴 공간과 메뉴를 만들어야 한다는 것입니다. 이때 화려하고 다양한 종류의 음료나 디저트가 필수적인 것은 아닙니다. 오히려 공간과 잘 어우러진 단출한 메뉴만으로도 그 공간의 색을 분명하게 드러낼 수 있고 그런 차별화된 모습이 그곳의 가치와 브랜드가 될 수 있습니다.

직접 만든 것만을 대접하다

카페라는 공간은 손님들에게 다양한 즐거움을 제공하며 그중 대표적인 것이 바로 맛의 즐거움입니다. 미식에 대한 관심이 높아지면서 사람들은 여러 경로를 통해 다양한 맛을 경험하고자 합니다. 입맛 또한 다변화되면서 카페에서도 이를 충족시키기 위해 많은 노력을 하고 있습니다. 커피 맛을 중요하게 생각하는 카페는 직접 로스팅한 원두를 손님들에게 소개하여 원하는 맛을 고를 수 있도록 하고, 디저트를 메인으로 하는 카페는 다양한 디자인의 케이크를 선보이거나 특별한 플레이팅으로 손님들의 눈을 즐겁게 합니다. 이처럼 카페 수요의 니즈가 다양해지고 세분화되면서 저마다 주력하는 상품 또한 달라지고 있습니다.

메뉴는 운영자가 자신의 취향을 손님에게 가장 직접적으로 표현하는 방법입니다. 일반적으로 카페 카운터에서는 주문을 하고 받는 것 외에 운영자와 손님간에 직접적인 대화가 이루어지는 경우는 많지 않습니다. 하지만 그 공간만의 음료와 디저트를 통해 '저희는 이런 것을 좋아해요.'라는 무언의 대화를 건넬 수 있습니다. 이곳에서 손님은 운영자의 취향을 엿볼 수 있고, 취향에 맞게 음미함으로써 답을 대신할 수 있습니다.

운영자가 만드는 음료나 디저트 등의 메뉴는 곧 무언의 언어가 됩니다. 손님에게 전하고 싶은 이야기, 앞으로 이끌어 나가고 싶은 공간의 방향성 등 운영자가 표현하고자 하는 생각과 가치관을 직접적인 언어가 아닌 다른 형태로 테이블 위에 자유롭게 드러낼 수 있는 수단이 되는 것입니다. 여기에는 정답도, 옳은 방식도 존재하지 않습니다. 그저 변화하는 메뉴들을 통해 취향이 비슷한 손님들과 관계의 폭을 넓혀 나가고자 하는 운영자의 열정이 필요할 뿐입니다.

그렇게 완성된 메뉴들은 각각 다른 표정을 갖고 있습니다. 운영자가 메뉴에 담아 내고자 했던 감정과 이야기들에 차이가 있기 때문입니다. 이는 직접 만드는 것이기에 가능한 부분이기도 합니다. 또

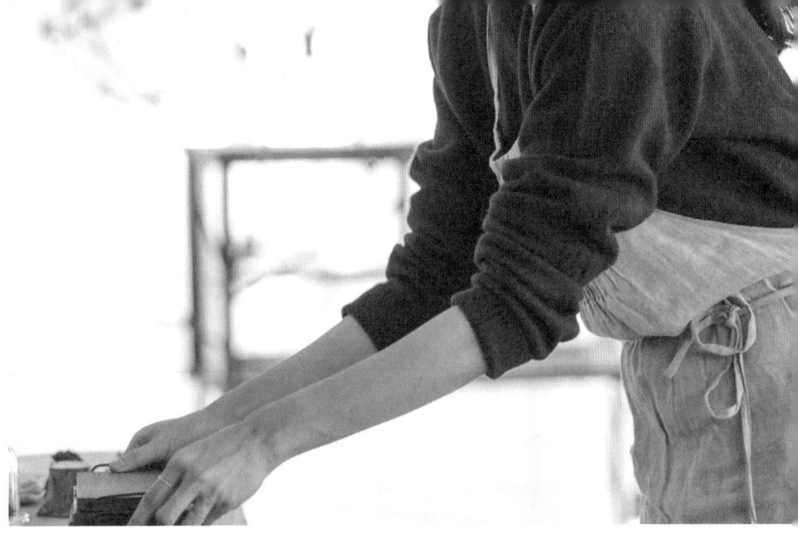

한 기성 재료에 자신만의 관점을 더해 새로운 메뉴로 완성하는 것도 운영자가 직접 만들어 낸 결과물이라 할 수 있습니다. 때문에 재료를 직접 만드는 것도 중요하지만 자신만의 아이디어로 메뉴를 재해석하는 것이 더욱 중요합니다.

메뉴가 제공되는 테이블은 카페에서 운영자만이 표현할 수 있는 또 다른 단독 공간입니다. 중요한 순간 메뉴라는 수단을 통해 우리의 이야기를 전할 수 있어야 하며, 타인의 생각과 취향을 빌리지 않고 손님과 직접 소통할 수 있는 이 기회를 무엇보다 중요하게 여겨야 합니다.

큰 틀에서 보면 카페는 운영자가 준비한 여러 가지 상품을 손님에게 판매하는 공간입니다. 다만 카페의 규모나 위치 그리고 이를 이용하는 사람들의 성향에 따라 공간의 운영 방식이 조금씩 달라질 수 있습니다. 따라서 운영자는 이러한 조건들을 최대한 고려해 어떤 방법으로 메뉴를 준비하고 판매할지 결정해야 합니다. 자신이 운영하는 공간의 모습과 이곳을 찾아오는 손님들의 성향을 충분히 이해하고 있어야 그와 잘 어울리는 운영 방식을 만들어 나갈 수 있기 때문입니다.

그런 의미에서 어떤 운영자는 편리성과 효율성을 위해 메뉴를 직접 고민하기보다는 전문가가 만든 상품을 판매하는 방식을 선택할 수도 있습니다. 물론 그 공간의 목적에 따라 이 결정이 운영자에게 도움이 되기도 합니다. 하지만 수익성을 우선하는 공간이 아닌 일상과 나를 담은 공간을 꿈꾸는 운영자라면 조금은 서툴더라도 다른 사람의 언어에 기대지 않고 나의 취향과 생각을 표현하는 시간을 가져야 합니다. 별도의 자기 노력과 준비 없이 전자의 방식만을 고수한다면 그 카페는 내가 아닌 다른 사람의 것들로 채워지는 공간이 되고 맙니다. 그러한 공간은 다른 카페들로 충분히 대체될 수 있으며 지속성에 대한 가치 또한 잃어버리게 됩니다.

국내 최초 스팀식빵의 탄생

카페 중 대다수는 그곳을 대표하는 음료나 디저트, 즉 '시그니처 메뉴'를 만들어 이를 적극적으로 홍보합니다. 색다른 메뉴를 선보이면서 다른 곳과 차별점을 두고 이를 통해 사람들의 관심과 주목을 유도할 수 있기 때문입니다. 그만큼 차별화된 메뉴는 카페 운영에서 큰 비중을 차지합니다. 이에 우리는 다양한 경험을 통해 새로운 자극을 받고 이를 밑거름 삼아 자신의 공간 안에 반영하고자 노력합니다. 영감은 영화나 책 또는 취미생활, 여행 등 다양한 형태로 존재합니다. 중요한 것은 그 과정에서 새로운 생각과 감정을 발견하게 되고 이를 다듬어 가다 보면 어느새 자신만의 것이 만들어집니다. 여기에 공감하고 인정해 주는 이들과 운영자의 노력이 지속적으로 상호작용할 때 자연스럽게 그 공간만의 특별함이 완성됩니다.

식사 메뉴가 필요해

카페에는 다양한 카테고리가 존재합니다. 간단한 식사를 위한 브런치 카페, 빵을 중점적으로 파는 베이커리 카페, 달콤한 케이크와 후식을 전문으로 하는 디저트 카페, 원두를 중요시하는 로스터리 카페 등 운영자는 더욱 세분화된 형태로 공간의 정체성을 규정하고 이를 적극적으로 알리고자 합니다.

카페 네살차이를 처음 오픈했을 때는 파운드케이크나 푸딩 같은 간단한 디저트 메뉴를 준비했습니다. 당시 커피에 어울리는 달콤한 디저트에 관심이 있었기에 자연스레 그부분에 초점을 맞추게 되었습니다. 1년 정도 지나고 나니 '열심히'를 넘어 새로운 변화가 필요했습니다. 시간이 지남에 따라 카페 운영이 익숙해지고 메뉴적으로도 도전과 변화를 시도할 마음의 여유가 생겼기 때문입니다. 조금 더 깊이 들여다보면 카페를 운영하는 일은 기본적으로 수익을 창출해야 하며, 그러기 위해서는 손님들의 지속적인 관심을 얻을 수 있어야 합니다. 그저 열심히 운영하기보다는 메뉴에 대한 고민과 변화를 위한 노력이 중요합니다. 그런 면에서 우리는 기존 메뉴에 식사 메뉴가 더해진 공간을 상상하게 되었습니다. 이는 우리 두 사람에게 새로운 동기부여가 되었고 식사 시간에도 손님의 발걸음이 이어질 수 있기에 카페 운영에도 도움이 될 수 있으리라 생각했습니다. 다만 여타 브런치 카페와 비교했을 때 카페 네살차이만의 차별화된 식사 메뉴를 어떤 구성과 모습으로 선보일지가 고민이었습니다.

나고야에서 따뜻한 아침을

일본 나고야에는 친구네 가족이 살고 있습니다. 서로 비슷한 취향과 생각을 가지고 있기에 고민을 함께 나누며 좋은 생각이나 방법을 조언해 주기도 합니다. 그래서인지 만남 이후에는 복잡했던 생각이 한결 가벼워지고 또 마음이 편안해지기도 해서 1년에 한 번은 꼭 만남을 이어가고 있습니다.

늦가을 즈음이었습니다. 겨울의 초입, 꽤 쌀쌀한 바람이 부는 계절 나고야의 친구 집에서 머물게 되었습니다. 당시 카페 내 식사 메뉴에 대한 고민을 들은 친구는 이런 말을 덧붙였습니다.

"두 사람이 충분히 즐기면서 준비할 수 있는 메뉴를 만들어 보면 좋을 것 같아."

그는 화려하고 완벽한 식사 메뉴가 아닌 토스트처럼 수수한 메뉴부터 시작해 보라고 조언해 주었습니다. 친구의 조언을 듣기 전까

오렌지쇼콜라 파운드케이크(좌), 커스터드 푸딩(우)

지만 해도 '비주얼'로 차별성을 두는 것에 급급했습니다. 한 가지에 몰두하게 되면 시야가 좁아져 정작 중요한 것은 놓치게 되는 실수를 범하고 있었던 것입니다. 다음 날 아침, 친구 부부는 따뜻한 커피와 함께 달걀 프라이 그리고 찜기로 쪄 낸 여러 종류의 빵을 내어 주었습니다. 보통 빵이라고 하면 토스트기로 노릇하게 구운 것이 일반적이라 생각했는데, 마치 딤섬처럼 따뜻하게 쪄 먹는 빵의 모습이 새롭고 재밌게 느껴졌습니다. 우리가 어릴 때 많이 먹던 찐빵이나 호빵 같기도 하고, 한편으로는 재래시장의 술빵을 연상시키기도 해 이 날의 아침식사는 새로운 아이디어가 떠오르는 시간이었습니다.

친구와 헤어진 후 다시 일상으로 돌아온 우리는 지금까지의 고민에서 벗어나 여행에서 느꼈던 아침식사 장면을 손님들과 함께 나누고 싶은 마음에 집중하기로 했습니다.

메뉴도 점점 진화합니다

처음 선보인 메뉴는 작은 식사 빵이었습니다. 볼에 버섯과 양파, 여러 가지 볶은 채소와 옥수수 가루를 넣은 반죽을 파운드케이크 형태로 구운 후 여기에 작은 식빵을 곁들였습니다. 빵을 찜기에 넣어 따뜻하게 쪄낸 후 간단한 샐러드와 토마토 수프까지 더하니 든든한 식사 메뉴가 탄생했습니다.

첫 식사 메뉴는 다행히 많은 관심을 받았습니다. 카페 네살차이의 SNS 계정에 식빵 위를 덮은 면포 펼치는 장면을 게시하자 호응과 문의가 동시에 이어졌고, 이는 직접 방문으로까지 연결되었습니다. 식사를 주문한 손님들은 찐빵이나 만두, 술빵이 아닌 다른 종류의 빵을 쪄 먹는 것 자체에 새로움을 느꼈고, 따끈따끈한 빵을 덮고 있는 면포를 스스로 펼치는 행위 자체에 색다른 즐거움을 느끼는 듯 했습니다.

다만 이 과정에서 단순히 시각적인 즐거움보다는 맛에 대한 평가가 궁금했고 중요했습니다. 새로운 것을 추구하는 것도 중요하지만 이는 좋은 맛이 바탕이 되어야만 메뉴로서 가치가 있고 완성도가 높아지기 때문입니다. 식사를 마친 손님들과 메뉴에 대한 이야기를 나누며 그들의 말에 귀를 기울였습니다. 피드백의 공통점은 여러 종류의 빵을 따뜻하게 쪄냈을 때 가장 맛있었던 빵은 식빵으로, 손님들의 입맛에도 잘 맞고 매력이 극대화된다는 것이었습니다.

결국 손님들에게 반응이 좋았던 따뜻하게 쪄낸 식빵을 식사 메뉴의 일부가 아닌 카페 네살차이만의 디저트 메뉴로 변경해 보자는 결정을 하게 되었습니다. 이후 카페 네살차이의 시그니처 메뉴로서 여러 가지 테스트를 거친 결과 식사 형태가 아닌 음료와 함께 디저트로 즐겼을 때 더 잘 어울리는, 적당한 당도와 부드러운 식감을 가진 지금의 '식빵세트'가 완성되었습니다. 여기에 식빵과 잘 어울리는 수제 버터와 시나몬 향이 매력적인 단팥소를 곁들여 구성하게 되었습니다.

초창기의 식빵세트에는 식빵 속에 아무것도 넣지 않은 기본 식빵과 단팥소를 넣어 만든 식빵, 두 가지를 하나의 찜기에 넣어 구성하고 빵에 발라먹을 수 있는 버터만을 따로 제공해 취향에 맞게 즐길 수 있도록 했습니다. 그러나 어느 순간 단팥소가 들어간 식빵을 많이 남기는 것에서 팥을 좋아하지 않는 이들이 꽤 많다는 것을 알게 되었습니다. 이후 팥을 식빵 안에 넣지 않고 따로 제공하게 되면서 지금의 식빵세트(기본 식빵 2개+버터+단팥소)의 모습으로 진화하게 되었습니다.

네살차이의 식사 메뉴_식빵과 파운드 케이크 형태의 식사빵

우리가 만든 자부심이 있습니다

우리는 대개 처음 만들어진, 최초의 것을 가치 있게 여깁니다. 물론 모든 결과물의 처음과 끝이 모두 새로운 것으로 완성되지 않을 수도 있습니다. 하지만 남들이 지금까지 발견하지 못한 것을 자신의 경험과 본인만의 색으로 새롭게 재생산하는 일은 그 자체만으로도 높이 평가받습니다.

카페 네살차이의 식빵세트는 두 사람이 직접 만든 고유한 메뉴로, 우리는 늘 이 메뉴에 자부심을 가져왔습니다. 다른 카페에서 판매

찜기에 쪄 낸 식빵과 함께 곁들기 좋은 버터와 단팥소

되고 있는 메뉴들을 참고한 것이 아니라 오롯이 우리 두 사람의 경험을 바탕으로 탄생한 메뉴이기 때문입니다. 또한 시간을 거치며 조금씩 그 모습이 변화하면서 현재의 모습으로 다듬어지기도 했습니다. 단순해 보일 수 있는 이 메뉴에는 그동안의 시간과 노력 그리고 과정의 이야기가 담겨 있습니다. 그래서인지 종종 다른 공간에서 카페 네살차이의 식빵세트를 모방해 판매한다는 소식을 들을 때마다 매우 속상했습니다. 메뉴에 대한 고민이나 이유도 알지 못한 채 다른 사람의 메뉴를 쉽게 도용하는 행위가 참 야속했기 때문입니다. 무엇보다 손님들이 '요즘 이런 디저트가 유행이구나.'라고 단순하게 생각하며 카페 네살차이의 식빵세트도 그중 하나라고 여길 수 있겠다는 사실이 씁쓸했습니다.

하지만 네살차이를 애정하는 사람들이 SNS 계정을 통해 '식빵세트의 원조는 네살차이다'라는 사실을 알리며 응원해 주었고, 그 모습에 참 많은 위로를 받았습니다. 이후 그런 소식을 접할 때마다 안 좋은 감정보다는 '식빵세트라는 메뉴가 그만큼 매력적이구나'라며 그 가치를 알아보는 이들이 점점 더 많아질 것이라 믿었습니다. 지금은 부정적인 감정을 갖기보다 묵묵히 우리만의 메뉴를 정성껏 준비하고 있습니다.

차별화된 대표 메뉴는 공간을 운영하고 유지함에 있어 큰 도움이 됩니다. 하지만 종종 깊은 고민이나 노력 없이 다른 공간의 모습이나 메뉴를 가져와 그것을 자신의 공간인 양 홍보하기도 합니다. 자신만의 공간을 가꾸는 운영자라면 기본적으로 타인의 노력도 존중하는 마음을 가져야 합니다. 결국 시간이 조금 걸릴지라도 손님들은 최초라는 결과물을 만들기 위한 나의 시간과 노력의 가치를 알아보게 됩니다.

가장 평범한 것이 특별한 이유

식빵은 수많은 빵 중에서 가장 대중적이면서도 쉽게 구할 수 있는 빵입니다. 그만큼 식빵은 '기본'의 특성을 잘 갖춘 빵이기도 합니다. 식빵은 그 자체로 담백하게 먹기도 하지만 잼이나 야채, 햄 등의 재료를 곁들여 하나의 요리처럼 즐기는 경우도 많습니다. 아이러니하게도 카페 네살차이를 찾는 대부분의 손님들은 이 기본을 대표하는 식빵에 궁금증을 안고 방문합니다. 이 메뉴를 맛보기 위해 미리 방문 예약을 하거나 만석일 경우에는 불편함을 감수하고 기다리기도 합니다. 언제 어디서든 쉽게 사 먹을 수 있는 평범한 식빵이 우리 두 사람에게는 특별함이 된 것입니다.

식빵세트는 패스트푸드가 아닙니다

보통 베이커리 카페에 들어서면 다양한 빵들이 진열되어 있고 손님들은 쟁반에 원하는 빵을 담아 음료와 함께 계산한 후 테이블로 이동합니다. 이는 공간을 운영하는 입장에서 가장 효율적인 방법입니다. 짧은 시간 동안 많은 손님들의 메뉴를 준비해 내는 것은 곧 매출과 수익으로도 연결되기 때문입니다. 하지만 공간을 운영함에 있어 수익만을 우선하는 선택이 늘 옳은 길이라고 말할 수는 없습니다. 우리가 만들어 가고자 하는 카페의 모습은 시간당 얼마만큼의 매출을 올릴 수 있느냐를 좇는 공간이 아니었습니다. 메뉴를 고민하고 완성하는 과정에 주인장의 취향이 반영되어 있듯, 식빵세트라는 메뉴가 테이블 위에 올려지는 과정에도 이러한 가치관이 담겨 있습니다.

식빵의 경우 기본적으로 빵이 완성되는 공정은 동일합니다. 다만, 카페 네살차이의 식빵세트는 하나의 과정이 더 추가됩니다. 물론 이대로 내어도 손색이 없지만 베이직한 식빵에 '찜'이라는 익숙하지 않은 조리법을 더함으로써 카페 네살차이만의 특별한 식빵이 완성되는 것입니다. 식빵세트 주문이 들어오면 오븐에서 1차로 구운 식빵을 면보에 감싸 찜기에 담습니다. 이후 약 10분간 쪄 내면 따뜻한 증기가 빵 속까지 충분히 스미게 됩니다. 구운 식빵을 2차로 쪄내는 과정을 통해 촉촉하고 쫄깃한 식감이 더해지면서 음료

오븐에서 1차로 구워 낸 식빵을 찜기에 넣고 찌는 모습

와 잘 어울리는 하나의 메뉴가 되는 것입니다. 뜨거운 김이 모락모락 나는 식빵을 찜기째 내면 이를 마주한 손님들의 눈빛은 호기심으로 가득합니다.

빵 반죽을 처음 시작한 후 손님 테이블에 내기까지 약 4시간 정도가 소요됩니다. 수익을 추구하는 누군가는 카페 메뉴로서 효율성이 떨어진다고 생각할 수도 있습니다. 찌는 방식이 특별한 생각의 전환이라면, 내용물이 되는 식빵은 빵 전문가의 도움을 받아 구매해 활용하는 것이 훨씬 더 편한 방법이지 않을까 생각할 수도 있습

식빵세트는 손님이 즐기는 모습까지 더해진 특별한 메뉴로, 손님 스스로가 그 장면의 주인공이 된다.

니다. 같은 시간에 더 다양한 디저트를 만들고 판매하는 것이 운영에 도움이 되기 때문입니다. 하지만 우리는 직접 만드는 것에 대한 가치를 중요하게 생각하고, 그 가치를 알아봐 주는 이들이 있다고 믿기에 효율성을 따지기보다는 우리만의 힘으로 만들어 나가기로 했습니다.

맛은 물론 즐기는 모습까지 만듭니다

카페라는 공간은 저마다의 모습이 다르기 때문에 운영자의 취향에 따라 공간이 갖는 분위기도 달라집니다. 메뉴도 마찬가지입니다. 운영자의 취향이 먼저 반영되어야 그 다음에 손님들의 기대를 충족시킬 수 있습니다. 여기에 손님 앞에 내어지는 메뉴의 모습이 공간과 조화를 이룰 때 그 매력은 배가 됩니다. 취향으로 완성된 식빵세트 맛의 가장 큰 특징은 식감이라 생각합니다. 노릇하게 잘 구워진 빵을 한 번 더 쪄내면서 수분이 더해지고, 이로 인해 촉촉하고 쫀득쫀득한 식감이 완성됩니다. 이러한 점이 다른 디저트와의 차이를 만들고 손님들에게 새로운 경험을 전하면서 오래도록 인기 있는 이유가 됩니다.

식빵세트를 찾는 또 다른 이유는 카페 네살차이라는 공간만의 순간을 즐기기 위함입니다. 새하얀 공간 속 원목 테이블 위에 놓인 음료와 찜기는 그 장면 하나로 손님들의 시선을 끌게 됩니다. 이는 오롯이 카페 네살차이라는 공간 안에서만 만들어지는 것입니다. 즉 식빵세트는 단순히 새로운 메뉴가 아니라 손님들이 즐기는 모습까지 더해진 특별한 메뉴로, 손님이 그 장면의 주인공이 됩니다.

식빵이 두 사람에게 주는 의미

취향이 담긴 공간이라 할지라도 그 이미지는 손님들에게 소비되면서 그 힘을 조금씩 잃어갈 수도 있습니다. 특히 새로운 업체들이 계속해서 생겨나는 카페의 경우 소비자인 손님들에게 꾸준한 관심을 얻기가 쉽지 않습니다. 그런 이유로 일정 시기가 지나면 내부를 리모델링 하거나 혹은 다른 곳으로 이전하여 공간을 새롭게 변화시키기도 하고 계속해서 새로운 메뉴들을 개발하며 선보이기도 합니다.

이처럼 카페라는 업종은 내, 외부적인 면에서 경쟁이 불가피합니다. 여기서 무기가 될 수 있는 것이 바로 메뉴입니다. 메뉴는 시간이 지나 공간의 모습이 노후되고 자리가 불편하더라도 손님들이 끊임없이 그곳을 찾는 이유 중 하나가 되기도 합니다. 카페 네살차이도 식빵세트라는 메뉴를 통해 지금의 모습과 관심을 유지해 나갈 수 있을 것이라 생각합니다.

직접 만든 메뉴가 주목 받고 인기를 얻는 것은 공간을 운영하는 데 있어 큰 행운이자 행복입니다. 이에 식빵세트는 우리 두 사람에게 행운 같은 메뉴입니다. 작은 인연과 우연들이 하나둘씩 더해지고 두 사람의 노력과 시간에 대한 결과가 감사하게도 좋은 결과물을 만들어 낸 것입니다.

계절의 변화와 상관없는 손님들의 꾸준한 방문은 지금까지 고민해 왔던 과정과 또 지금 하고자 하는 일에 대한 확신을 줍니다. 이 마음가짐이 더 오랜 시간 동안 카페 네살차이를 유지하고 가꾸고 싶은 욕심을 만듭니다. 시간이 지날수록 낯익은 손님들이 늘어나고 함께 나누는 순간이 깊어지는 것, 그 자체로도 두 사람에게는 큰 의미가 있습니다.

가끔 나이 지긋한 어르신들이 식빵을 찾을 때가 있습니다. '일부러 시간 내지 않으면 찾아오기 어렵고, 메뉴를 주문하는 일이 낯설게 다가올 수도 있겠다'라는 생각에 괜스레 마음이 쓰입니다. 하지만 자리에서 메뉴 사진도 찍고 음료와 빵을 맛있게 즐기는 모습을 볼 때면 '이 공간에서의 평범하고 작은 빵 한 조각이 우리가 생각하는 것보다 많은 이에게 즐거움을 주고 있구나' 라는 깨달음을 얻습니다.

재방문할 이유를 주는 메뉴

평소 우리가 자주 찾는 카페를 떠올리면 저마다의 이유가 있습니다. 접근성이 좋고 이용하기 편해 찾을 수도 있습니다. 목적에 따라 카페에 머무는 모습은 사람마다 다릅니다. 머무는 목적이나 이유가 분명할 때, 우리는 지난 경험을 바탕으로 시간을 활용할 수 있는 편안한 곳을 다시 찾게 됩니다. 또한 무엇보다 그곳에서만 먹을 수 있는 시그니처 메뉴가 존재한다는 것도 재방문의 중요한 이유가 됩니다.

음료 위 동그라미

카페를 운영하는 이들이 모두 고민하듯 우리도 음료 메뉴에 대한 고민이 많았습니다. 커피 메뉴의 경우 평소 좋아하는 핸드 드립 추

레몬키위소다

출 방법을 토대로 여러 메뉴를 만들기로 결정했지만, 그 외 음료에 대한 결정은 쉽지 않았습니다. 첫 번째 공간과 두 번째 공간 모두 번화한 동네가 아니었기 때문에 손님들이 이곳을 찾는 이유가 분명해야 했고 일부러 방문하고자 하는 매력이 충분해야 했습니다. 이에 이곳에서만 경험할 수 있는 흔치 않은 음료와 디저트 메뉴를 선보이기로 했습니다. '보기 좋은 떡이 먹기도 좋다'는 속담처럼 맛과 함께 보여지는 이미지를 중요시한다면, 그것이 우리의 다름을 보여 줄 수 있는 또 하나의 방법이라고 생각했습니다.

당시 커피 외의 음료로 레모네이드나 자몽에이드 같은 에이드류가 대중적이었기 때문에 우선 다양한 과일을 사용해 청을 만들며 새로운 음료를 개발하기 시작했습니다. 시간이 지나 숙성된 청으로 음료를 만들었습니다. 하지만 상상한 것과 달리 그저 달콤하기만 한 설탕물 같은 느낌이 많았습니다. 잔에 담긴 모양새도 만족스럽지 않았습니다. 더 진한 맛을 위해 과일의 양을 늘리고 숙성 기간에도 변화를 주었지만 과일 본연의 맛이 느껴졌으면 하는 우리의 취향과는 맞지 않아 다른 방법을 찾기로 했습니다. 이 과정에서 재료의 공급 여부에 영향받지 않고 날마다 꾸준히 준비할 수 있는 카페 네살차이의 스테디 음료를 만들고자 하는, 우리만의 원칙이 자

동그란 셔벗이 올라간 블루베리라임소다

동그란 모양의 커피 셔벗이 올라간 커피젤리

연스럽게 생겼습니다. 기본적으로 계절의 변화와 상관없이 늘 구할 수 있는 재료여야 하고, 최소 2가지 이상의 과일을 사용해 맛있는 조합을 찾고자 했습니다. 색감은 대비되지만 맛의 밸런스가 좋은 구성으로 수차례 테스트한 끝에 두 사람의 입맛에 가장 잘 맞는 지금의 '레몬키위소다'와 '블루베리라임소다'가 탄생하게 되었습니다. 신맛의 노란 레몬과 초록의 새콤달콤한 키위가 제법 잘 어울렸고, 은은한 달콤함을 지닌 보라빛의 블루베리와 상큼한 라임의 조화가 좋았습니다. 이 두 음료는 속재료의 맛이 직관적으로 느껴지면서도 과하게 달지 않아 끝맛이 깔끔한 것이 특징입니다.

동그란 모양의 아이스크림이 올라간 커피플로트

대표 음료를 결정하고 난 이후에는 담음새에 대해 고민했습니다. 메뉴 사진만 보아도 '아, 네살차이 음료구나!' 하고 바로 알아 차렸으면 좋겠다는 마음에서 대표 음료들의 이미지를 최대한 같은 느낌으로 구현하고자 했습니다. 고민 끝에 음료 위에 동그라미를 올리기로 했습니다. 과일을 사용한 소다 음료 위에는 재료 본연의 베이스로 직접 만든 동그란 셔벗을 올리고 과일의 단면을 잘라 컵 벽면에 드러냄으로써 시각적으로 먼저 맛볼 수 있게 했습니다. 커피 음료 중 '커피플로트'라는 메뉴 역시 소다 음료와 마찬가지로 동일한 용량의 잔을 사용해 커피 위에 동그란 아이스크림이 올라가는 형태로 완성했습니다. 이는 카페 네살차이가 처음 문을 연 시점부터 변치 않고 함께해 온 음료들입니다. 이 세 가지 음료의 공통점은 음료 위에 동그란 모양의 아이스크림 또는 서벗이 올라 간다는 것이며, 지금까지도 계절에 상관없이 손님들에게 가장 많은 사랑을 받는 메뉴이기도 합니다.

이처럼 사계절 내내 준비 가능한 기본 음료들 위에 동그라미를 올려 공통된 이미지를 선보임으로써 손님들에게 카페 네살차이 특유의 음료 이미지를 각인시킬 수 있었습니다. 소다 음료의 경우 계절에 따라 제철 재료를 사용해 맛은 다양화하면서도 동그라미가 올라간 이미지는 일관되게 유지할 수 있었습니다. 이렇게 이미지만으로도 카페의 정체성을 드러낼 수 있습니다.

같은 재료로 새로운 음료를 개발하라는 숙제가 주어진다면 운영자의 취향과 기존 음료를 만드는 방식에 따라 그 맛과 형태가 모두 다를 것입니다. 즉 운영자의 고민 속에서 새로운 아이디어가 생겨나고 그것이 발전하여 그 공간만의 다양한 메뉴들이 만들어집니다. 따라서 선보이고자 하는 맛의 기준이 명확해야 하며 무엇보다 운영자의 입맛에 우선 만족스러워야 합니다. 분명한 것은 본인 스스로의 엄격한 기준에 부족함이 없을 때 비로소 손님들에게도 자신있게 소개할 수 있습니다.

대중적인 메뉴들은 호불호가 크게 없기 때문에 카페를 준비할 때면 다른 도전적인 선택보다 익숙한 메뉴들로 구성하는 경향이 있습니다. 하지만 어디에서나 접할 수 있는 메뉴는 지속적인 관심을 얻거나 혹은 그 공간을 다시 찾는 매력적인 이유가 되지 못합니다. 따라서 카페 운영자는 누구보다 자신의 입맛에 맞는 메뉴를 개발해야 합니다. 물론 사람마다 맛있게 느끼는 기준이 다르기 때문에 모든 사람의 입맛을 만족시킬 수는 없습니다. 다만 운영자가 만든 맛과 그곳을 찾는 손님의 취향이 일치할 때 그 공간이 갖는 매력은 더욱 특별해집니다.

극호가 되고자 집중합니다

카페 메뉴 개발과 관련하여 수업을 듣거나 전문가의 도움을 받은 적이 없기 때문에 처음에는 갈피를 잡지 못하고 우왕좌왕하는 상황이 반복되기도 했습니다. 하지만 돌이켜보면 오히려 그런 상황들이 우리만의 방식대로 메뉴를 정립해 나갈 수 있는 바탕이 되었다고 생각합니다. 우리 두 사람은 손님들의 발걸음을 끌기 위한 방법 중 하나로 대중적인 흐름을 쫓기보다 오롯이 운영자의 입맛과 호불호에 집중하여 다른 곳에서는 경험할 수 없는 새로운 메뉴를 만드는 것에 집중했습니다.

우선 새로운 메뉴를 만들고자 할 때는 우리가 경험했던 맛이나 느낌들을 무작위로 떠올려 보았습니다. 특히 여행을 통한 경험과 기억에서 많은 영감을 얻곤 하는데, 여행지에서의 좋았던 이미지들을 떠올린 후 재료의 조합을 고민합니다. 단순히 음료나 디저트라는 종류의 경계를 넘어 맛있고 인상 깊었던 음식들의 구성까지도 상상해 봅니다. 예를 들어 바질페스토가 들어간 파스타를 즐겨 먹었던 시기가 있었는데, 이런 기억을 떠올리며 '향긋한 바질을 활용한 음료를 만들어 보는 건 어떨까?' 하는 생각을 가져 봅니다. 이런 과정을 통해 실제로 완성된 음료가 '포도바질다즐링티'와 '바질두유진저쉐이크'입니다.

바질두유진저쉐이크

포도바질다즐링티

메뉴 이름을 정하는 것이 고민이던 시기, 언젠가부터 메뉴의 주재료들을 나열해 보았습니다. 그러면 손님들도 어떤 재료로 만들어졌는지 쉽게 알 수 있고 또 그 조합이 어떨지 미리 상상해 볼 수 있기 때문입니다. 그렇게 접근하다 보니 어느새 카페 네살차이에서만 만날 수 있는 생소한 이름의 음료들이 탄생하게 되었습니다. 그중 하나인 포도바질다즐링티 역시 이름에서 알 수 있듯이 포도, 바질 그리고 다즐링티가 기본 재료인 음료입니다. 첫 맛에서 포도의 달콤함과 바질 특유의 향긋함이 느껴지고 끝맛은 다즐링티로 이어지는 것이 특징입니다.

당시 카페 네살차이의 소다 음료에는 모두 탄산수가 들어가 이와

포도바질다즐링티 베이스

는 달리 티를 기반으로 은은하게 즐길 수 있는 새로운 메뉴를 준비하고자 했습니다. 수많은 티 종류 중에서 개인적으로 좋아하는 다즐링티에 바질 잎을 우려 보았더니 상상했던 것보다 향긋함이 잘 전해져 맛의 조화가 좋았습니다. 여기에 포도를 사용해 부족한 당도를 채웠습니다. 지금은 마니아층이 두텁게 자리 잡은 음료지만, 처음 선보였던 때에는 다소 생소한 조합이라 손님들에게 큰 호응을 얻지는 못했습니다. 물론 시간이 지나면서 자연스럽게 호기심을 갖고 주문해 주는 손님과 새로운 음료를 맛보고 싶어 하는 손님이 많아지면서 주문 빈도도 점차 늘어나게 되었습니다.

시행착오가 낳은 신메뉴

무더운 여름을 보내면서 시원한 빙수 메뉴에도 욕심이 나기 시작했습니다. 이에 조린 복숭아가 올라간 우유빙수를 호기롭게 준비한 적이 있습니다. 하지만 해당 메뉴를 지속적으로 유지하기에는 여러 가지 어려움이 뒤따랐기에 첫 여름을 마지막으로 작별한 메뉴이기도 합니다. 처음부터 이런 메뉴를 만들고 싶어 주방을 구상한 것이 아니었기에 한정된 공간에서는 의욕만으로 해결할 수 없는 문제점들이 있었습니다. 하지만 그 시기에는 의욕이 많이 앞섰던 터라 무리해서라도 만들고 싶은 메뉴를 완성하고 싶었고, 마침내 손님들에게 선보일 수 있게 되었습니다.

급하게 먹은 밥은 체하기 마련인 것처럼 관심 갖고 주문하는 손님

우유빙수

들에게 빙수를 내어줄 수는 있었지만 주방은 난장판이 되었고, 이런 상황이 반복되면서 카페를 안정적으로 운영하기 어렵다는 것을 깨달았습니다. 이때의 경험을 통해 새로운 메뉴를 개발하고자 할 때마다 '손님이 동시에 몰려 아주 바쁜 상황이 되었을 때 큰 어려움 없이 무난하게 준비할 수 있는 메뉴인가'를 추가로 고려하게 되었습니다.

여러 가지 시행착오를 바탕으로 완성하게 된 메뉴가 바로 '바질두유진저쉐이크'입니다. 빙수 메뉴에 대한 아쉬움을 뒤로 하고 여름 한정 메뉴로 어떤 것이 좋을지에 대해 고민했을 때 쉐이크를 떠올리게 되었습니다. 여기에 우리의 취향을 더 강하게 반영하고 싶어 익숙한 우유 베이스가 아닌 고소함이 강한 두유 베이스로 결정했습니다. 또한 자칫 텁텁하게 느껴질 수 있는 두유의 맛은 향긋한 바질을 넣어 보완했습니다.

여기에 포인트가 될 맛을 위해 추가한 재료가 바로 생강입니다. 생강은 기본적으로 호불호가 강하게 나뉘는 재료이지만 우리 두 사람 모두 생강을 좋아해 이를 사용한 음료를 만들어 보고 싶었습니다. 기존의 '진저에일' 또한 그런 취향을 반영해 만든 메뉴입니다. 진저에일의 경우 생강을 직접 손질해 각종 향신료와 함께 우리만의 레시피로 음료 베이스를 만듭니다. 생강이라는 재료가 워낙 향

진저에일

과 맛이 강해 주문 빈도는 다른 음료에 비해 상대적으로 적지만 이상하게도 두 사람은 코 끝에서 느껴지는 향과 알싸함을 좋아해 그 메뉴를 여전히 고집하고 있습니다. 특히 진저에일의 맛을 가장 잘 느낄 수 있는 때는 기본 베이스에 얼음과 탄산수를 넣어 차갑게 마실 때입니다. 가끔 이 맛을 좋아하는 손님들이 주문할 때면 묘한 동질감을 느낄 때도 있습니다.

이처럼 '우리와 비슷한 취향의 손님들이라면 맛있게 즐길 수 있도록 만들겠다'는 자신감으로 쉐이크에 흔하지 않은 생강을 추가하여 카페 네살차이만의 여름 한정 메뉴 바질두유진저쉐이크를 완성하게 되었습니다. 물론 마음 한편에는 손님들의 반응이 어떨까 하는 불안함도 있었지만, 도전하는 마음으로 모험을 선택한 것입니다. 이 또한 카페 네살차이에서만 맛볼 수 있는 음료이기에 손님들의 관심을 끌기에는 충분하다고 생각했습니다. 이렇게 호불호가 나뉘는 메뉴나 재료라 하더라도 이것이 운영자의 취향을 적극적으로 드러낼 수 있다면 본인이 지향하는 공간과 가치관을 가장 잘 표현할 수 있는 하나의 방법이 됩니다. 바질두유진저쉐이크의 독특한 매력에 공감하는 손님들은 매년 여름이 되면 이 메뉴를 기다리고 있다며 먼저 말을 건네기도 합니다. 이처럼 나의 입맛과 취향을 믿고 스스로 결과물에 확신을 가진다면, 소수라 할지라도 이를 함께 좋아해 주는 사람들과 공감하며 즐거울 수 있습니다.

메뉴의 선택과 집중

카페 네살차이를 방문하는 사람들 중에는 카페에 대해 어느 정도 정보가 있는 사람이 대부분이지만 우연히 들르는 이들도 많습니다. 그런 사람들은 대개 "여기 빵집 아닌가요?"라고 묻기도 합니다. 아마도 익숙한 베이커리 카페의 모습을 기대하고 방문했을 겁니다. 그럴 때마다 우리는 "이곳은 커피와 간단한 디저트를 즐길 수 있는 작은 카페입니다."라고 정중하게 소개합니다.

손님 입장에서는 음료나 디저트 종류가 많을수록 메뉴를 고를 수 있는 선택지가 많아집니다. 따라서 다양한 종류의 디저트를 준비하는 것이 카페 운영에 있어 최선의 방법이라고 생각할 수도 있습니다. 다만 카페라는 공간은 여러 조건에 따라 규모, 형태, 운영 방식 등이 다릅니다.

카페 네살차이에서는 현재 푸딩, 파운드케이크, 가또쇼콜라, 식빵세트 네 가지 디저트를 선보이고 있습니다. 그중 푸딩, 가또쇼콜라, 식빵세트는 매일 준비되는 메뉴이며 계절에 따라 치즈케이크나 시폰케이크 등이 추가로 제공되기도 합니다. 이러한 구성을 유지하게 된 것은 다름 아닌 식감의 차이입니다. 메뉴마다 맛과 식감이 제각각 다르기 때문에 먹는 이에게 더욱 새롭게 다가옵니다. 이 메뉴들은 카페를 오픈한 이래로 지금까지 고정된 메뉴는 아니었습니다. 처음 카페 네살차이를 오픈했을 당시에는 다양한 종류의 디저트를 준비했습니다. 이 과정에서 손님들이 꾸준히 찾고 즐기는 디저트가 보다 명확해졌고, 그 결과 지금의 디저트 구성을 유지하게 되었습니다. 앞에서 언급한 기본 구성 외에도 계절에 따라 한두 가지 디저트를 추가하거나 변경하면서 새로움을 더하려 노력하고 있습니다.

카페는 한 가지 모습으로 규정할 수 있는 공간이 아닙니다. 손님의 입맛이 모두 다르듯 카페라는 공간마다 추구하는 모습과 맛도 다릅니다. 그리고 이는 운영자의 성향이나 가치관, 그리고 만들어 가고자 하는 방향에 따라서 결정됩니다. 때문에 운영자는 공간을 고민할 때 스스로의 기준을 명확히 해야만 합니다. 즉 내가 좋아하거

계절에 따라, 식감에 따라 디저트 메뉴에 변화를 준다.

나 혹은 추구하고자 하는 맛은 무엇이며 이것이 공간의 모습과 잘 어울리는지, 그리고 어떤 방법으로 만들 것인지에 대한 해답과 확신이 있어야 합니다. 이것이 전제되지 않으면 여러 조건과 환경이 다름에도 불구하고 계속해서 다른 곳과 비교하게 되고, 그렇게 되면 나와 어울리지 않는 옷을 입는 실수를 하게 됩니다. 따라서 각자가 나아가는 속도 또한 다름을 인정하고 원하는 공간을 만들고자 한다면, 내가 정한 기준에 따라 자신만의 속도로 나아가야 합니다. 그 속도가 유지될 때 비로소 무리 없이 오래 달릴 수 있습니다.

바스크치즈케이크(좌), 체리치즈케이크(우)

계절마다 변하는 음료

오랜 시간 함께 해온 두 사람의 가장 큰 행복 중 하나는 제철 음식을 즐기는 일입니다. 특히나 그 시기에만 만날 수 있는 재료들은 그때 먹어야 가장 맛이 좋기에 일부러 시간 내어 꼭 찾게 되고, 제철 음식을 맛봄으로써 그 계절을 온전히 느낄 수 있습니다. 봄에는 얼어붙은 땅을 뚫고 자란 나물을 밥과 함께 슥슥 비벼 먹고, 여름이 되면 잘 익은 복숭아를 크게 한 입 베어 무는 것을 좋아합니다. 가을이 되면 고소한 참기름장에 전어회를 찍어 먹는 소확행을 누리고, 겨울이 되면 탱탱하게 물오른 싱싱한 굴을 미역과 함께 넣어 따끈한 굴국밥을 만들어 먹습니다.

계절 음식은 단순히 맛을 즐기는 것을 넘어 그 시간들을 온전히 느끼고 기억할 수 있는 하나의 매개체가 됩니다. 그렇기 때문에 카페에서 선보이는 계절 메뉴들은 손님들에게 맛을 전달하는 동시에 그 시기의 소중한 기억들까지 떠올리게 하죠. 즉 공간의 모습은 멈춰 있지만 변화하는 메뉴를 통해 공간의 계절도 바뀌는 것입니다. 카페 네살차이에서도 계절마다 색이 뚜렷한 음료들을 준비하고 있으며 이를 함께 나누면서 손님들과 계절의 변화를 즐기고자 합니다. 계절 메뉴를 기다리는 사람들이 있다는 사실은 우리 두 사람에게 감사함과 동시에 두터운 책임감을 갖게 합니다.

카페 네살차이의 레몬키위소다와 블루베리라임소다는 계절의 변화에 상관없이 안정적으로 수급 가능한 재료를 사용해 만들 수 있는 장점이 있기 때문에 언제나 주문이 가능합니다. 하지만 봄, 여름, 가을, 겨울 그 계절에만 즐길 수 있는 계절 메뉴는 준비할 수 있는 기간이 한정되어 있어 메뉴를 선보임과 동시에 따로 홍보하는 과정도 필요합니다. 그럼에도 계절 메뉴가 있으면 기본적으로 준비되는 메뉴 외에 한정 메뉴에 집중할 수 있어 메뉴의 완성도도 높아질 뿐만 아니라 재료의 로스율도 낮아지게 됩니다. 또한 손님 입장에서도 계절의 변화에 따라 바뀌는 특별한 메뉴에 호기심을 갖고 재방문할 이유도 생기게 됩니다.

이처럼 어디에서든 흔히 접할 수 있는 음료나 디저트보다는 이곳을 방문해야 경험할 수 있는 특별한 메뉴가 많을수록 운영자의 자산이 늘어나게 됩니다. 이런 점에서 계절 음료는 카페의 큰 자산이자 비밀병기가 될 수 있습니다. 따라서 한 번에 모든 비밀병기들을 꺼내어 선보이기보다는, 시간이 흐르고 계절이 변하는 자연스러움 속에서 비밀병기 하나 하나에 손님들의 관심이 집중될 수 있도록 하는 것이 중요합니다.

카페 네살차이의
제철 음료와 디저트

금귤소다

봄(春) | 금귤소다, 금귤크림치즈파운드케이크

봄에는 딸기, 토마토 등과 같은 신선한 제철과일들이 나고 자라며 많은 카페에서도 이를 활용해 여러 가지 음료와 디저트를 준비합니다. 카페 네살차이에서는 금귤을 활용한 메뉴를 선보이고 있습니다. 껍질째 먹을 수 있는 새콤달콤한 맛의 금귤은 무거운 겨울 이후 잠잠해진 입맛을 돋우기에 제격입니다.

봄이 되면 금귤을 주문해 손질을 시작합니다. 껍찔째 먹지만 속에는 제법 큰 씨가 있어 하나하나 씨와 과육을 분리하는 작업을 하고, 그렇게 손질한 과육은 설탕과 함께 섞어 충분히 졸여가며 베이스를 만듭니다. 이렇게 봄 한정 메뉴로 '금귤소다'와 '금귤크림치즈파운드'를 선보이고 있습니다.

금귤크림치즈파운드케이크

금귤소다는 금귤 베이스에 탄산수를 더해 청량하면서도 상큼한 음료입니다. 차갑게만 준비되는 메뉴로 향긋한 허브와 식용 꽃을 더해 봄 기분을 충분히 만끽할 수 있도록 했습니다. 마치 겨우내 입었던 무채색의 옷을 벗고 산뜻한 파스텔 톤의 옷으로 갈아입은듯 노란색과 초록색 허브 그리고 다채로운 색을 띤 꽃까지 함께 어우러져 보는 것만으로도 봄이 다가왔음을 느낄 수 있습니다.

금귤크림치즈파운드케이크는 밀도감이 높지 않은, 가볍고 부드러운 식감의 파운드케이크 안에 큼직하게 박힌 금귤과 크림치즈의 조화가 좋습니다. 접시에 금귤조림을 함께 플레이팅함으로써 입안에서 금귤 특유의 새콤달콤함을 진하게 느낄 수 있습니다. 이처럼 카페 네살차이의 봄 한정 메뉴는 눈과 입 모두 봄을 즐기길 바라는 마음으로 만들었으며, 이를 통해 따뜻한 계절을 공유합니다.

여름(夏) | 매실과레몬머틀티, 바질두유진저쉐이크

여름에 접어드는 6월의 매실은 영양이 가장 풍부한 때입니다. 카페 네살차이에서는 매년 이 시기에 매실청을 담습니다. 매실은 수확하는 시기에 따라 여러 종류로 나뉘지만 카페 네살차이에서는 홍매실을 사용해 청을 만듭니다. 깨끗이 세척하고 수분을 제거한 매실의 꼭지를 하나하나 떼낸 후 용기에 설탕과 함께 담고 약 1년을 기다립니다. 이 기다림은 다음 해 맛있는 음료 베이스로 완성됩니다.

흔히들 매실청은 얼음과 함께 탄산수 또는 물을 더해 마십니다. 하지만 이대로 메뉴화하기에는 조금 심심하다는 생각을 했습니다. 메인이 되는 매실청의 맛을 방해하지 않으면서, 카페 네살차이에서만 맛볼 수 있는 음료를 위한 은은한 티 종류를 찾게 되었습니다. 그 결과 레몬 향 가득한 레몬머틀티가 매실청의 매력을 돋보이게 하였고, 이 두 가지 맛이 가장 조화로운 비율을 찾음으로써 '매실과 레몬머틀티'라는 음료를 완성하게 되었습니다. 은은한 향과 맛이 특징인 이 음료는 평소 차를 즐겨 마시는 사람들에게 꾸준히 사랑받고 있습니다.

매실과레몬머틀티

여름에 준비되는 매실과레몬머틀티와 앞서 소개한 바질두유진저쉐이크는 색깔이 극과 극인 음료입니다. 성격으로 비유하자면 매실과레몬머틀티는 차분하고 조용한 내성적인 성향, 바질두유진저쉐이크는 자기 개성이 강한 적극적인 성향의 음료입니다. 호불호 강한 이 두 음료는 여름이 되면 가장 많은 사랑을 받는 메뉴이기도 합니다.

가을(秋) | 청귤민트소다, 무화과자스민티

가을에는 아직 익지 않은 푸른 귤, 청귤이 나오는 계절입니다. 청귤은 겨울에 먹을 수 있는 귤과 달리 신맛이 강해 그대로 먹을 수는 없지만 비타민 C 함유량이 높아 많은 사람들이 청을 담아 차로 마시기도 합니다. 이처럼 청귤은 면역력 강화뿐만 아니라 감기 예방에도 도움을 주어 환절기인 가을에 섭취하기 좋은 과일입니다.

청귤민트소다

청귤로 어떤 메뉴를 만들어 볼까 고민하다 기존 메뉴 중 레몬키위소다와 블루베리라임소다가 눈에 띄었고, 같은 방식으로 음료를 만들어 보았습니다. 신맛이 강한 청귤은 레몬이나 라임과 비슷한 특징을 갖고 있다는 생각에 같은 이미지의 음료로 접근했고, 여기에 청귤 그 자체의 맛을 느낄 수 있도록 민트를 더해 청량감과 산뜻함을 함께 느낄 수 있도록 했습니다. 그렇게 만들어진 '청귤민트소다'는 8월부터 9월 중순까지 약 한 달 반 동안만 준비되는 계절 음료로, 그 시기에만 접할 수 있는 음료이기에 더욱 매력적입니다.

또한 이 시기에는 은은한 단맛의 무화과가 제철입니다. 잘 익은 무화과를 반으로 잘라 과육을 한입 베어 물면 부드러움이 느껴집니

무화과자스민티

다. 하지만 보통 무화과는 껍질이 단단하지 않아 금방 무르게 되고 오랜 기간 보관이 어려워 말려 먹거나 잼을 만들어 먹기도 합니다. 우리 두 사람은 무화과를 과육 그 자체로 먹었을 때 본연의 맛을 가장 잘 느낄 수 있다고 생각했습니다. 그래서 무화과의 은은한 특징은 살리면서도 과육 자체를 더 맛있게 즐길 수 있는 방법으로 꽃 향이 느껴지는 자스민티와의 조합을 찾게 되었습니다. 이 음료를 낼 때는 잔 아래에 깔린 무화과 과육까지 함께 먹기를 적극 권하고 있습니다. 스푼으로 과육 자체를 듬뿍 떠 먹음으로써 가을의 맛을 직접적으로 느꼈으면 하는 바람입니다.

겨울(冬) | 단밤오레

쌀쌀한 찬바람이 불기 시작하면 카페 네살차이에는 가을에 수확된 햇밤이 가득합니다. 그중에서도 씨알이 크고 당도가 높은 공주밤을 골라 계절 메뉴를 만듭니다. 그 이름은 '단밤오레'. 이름에서 유추할 수 있듯이 밤과 우유로 만든 따뜻한 음료입니다. 우선 밤의 반질반질한 껍질을 하나씩 벗겨내고 속까지 부드럽게 삶아냅니다. 이를 우유와 함께 갈아 부드러운 베이스를 만듭니다. 정해진 비율에 따라 다른 재료를 더한 후 이를 따뜻하게 끓이고 그 위에 시나몬 파우더를 살짝 올려 풍미를 더합니다. 손님들은 식빵을 단밤오레에 찍어 이 음료를 수프처럼 즐기기도 합니다. 카페 네살차이의 첫 계절 음료인 단밤오레는 함께 지내 온 시간만큼 손님들에게 가장 인기 있는 메뉴입니다.

단밤오레

밤 삶는 모습

겨울이 되면 퇴근 후 매일 밤 껍질 벗기는 작업을 합니다. 한 번에 많은 양의 작업을 해서 미리 보관해 두면 편리할 수 있지만, 그동안의 경험에 의하면 미리 만든 베이스는 시간이 지날수록 당도는 물론 밤의 고소함도 덜해집니다. 그러다 보니 매일 준비 가능한 베이스의 양이 한정되어 있어 때로는 카페 오픈 후 몇 시간도 채 되지 않아 음료가 소진될 때도 있습니다. 그럼에도 불구하고 많은 사람들이 찾는 만큼 즐거운 마음으로 준비합니다. 겨울의 묘미는 얼어붙은 몸과 마음을 녹이는, 따뜻한 음식을 마주할 때라고 생각합니다. 그런 의미에서 단밤오레는 따뜻하고도 행복한 겨울을 만들어 주는 카페 네살차이의 계절 음료입니다.